HELMUT ARNDT

Leistungswettbewerb und ruinöse Konkurrenz in ihrem Einfluß auf Wohlfahrt und Beschäftigung

Von der Gleichgewichts- zur Prozeßanalyse

Dem Andenken *Constantin von Dietzes* und seiner Kollegen, deren mutiges Verhalten vor 50 Jahren den „Verein für Socialpolitik" vor nationalsozialistischer „Gleichschaltung" bewahrte.

Leistungswettbewerb

und ruinöse Konkurrenz in ihrem Einfluß
auf Wohlfahrt und Beschäftigung

Von der Gleichgewichts- zur Prozeßanalyse

Von

Helmut Arndt

DUNCKER & HUMBLOT / BERLIN

CIP-Kurztitelaufnahme der Deutschen Bibliothek

Arndt, Helmut:
Leistungswettbewerb und ruinöse Konkurrenz in
ihrem Einfluß auf Wohlfahrt und Beschäftigung / von
Helmut Arndt. — Berlin: Duncker und Humblot, 1986.
  ISBN 3-428-06078-4

Alle Rechte vorbehalten
© 1986 Duncker & Humblot GmbH, Berlin 41
Satz und Druck: Berliner Buchdruckerei Union GmbH, Berlin 61
Printed in Germany

ISBN 3-428-06078-4

Vorfragen

Ob sich, wie vielfach behauptet wird, die Wirtschaftstheorie in einer Krise befindet, und inwieweit dies der Fall ist, hängt nicht zuletzt von der Beantwortung folgender vier Fragenkomplexe ab:

1. Ist die Volkswirtschaft unveränderlichen Naturgesetzen unterworfen, wie klassische Ökonomen gemeint haben, gibt es in ihr eine naturgesetzliche Entwicklung, wie Marx und Schumpeter glaubten, besteht die Wirtschaft aus mechanischen Verläufen, wie viele Neoklassiker lehren, oder ist die Wirtschaft nicht auch und nicht zuletzt das *Ergebnis* menschlicher Gestaltungsfähigkeit?

2. Läßt sich die Gesamtheit der ökonomisch relevanten Zusammenhänge *allein* mit Hilfe der Kreislaufanalyse erfassen? Oder ist die menschliche Wirtschaft ebenso wie die menschliche Kultur nicht auch oder sogar primär Folge menschlicher Gestaltungsfähigkeit und damit menschlicher Kreativität? Schon der Neandertaler besaß einen Blutkreislauf, so daß rein kreislaufmäßig zwischen ihm und Goethe kein Unterschied besteht. Verdeckt also nicht vielleicht doch eine Beschränkung auf die reine Kreislaufbetrachtung ökonomische Zusammenhänge, die wesentlich sind?

3. Besteht menschliche Wirtschaft allein aus Gleichgewichts- (und Ungleichgewichts-)lagen? Oder ist es nicht vielmehr so, daß sich gesellschaftliches Wirtschaften — wie alles menschliche Wirken überhaupt — in einem Wandel vollzieht, in dem andere Größen aktuell sind als im Gleichgewicht? Schon die alten Griechen und Römer besaßen Volkswirtschaften, aber enthielten diese bereits jene Produkte, Bedarfsarten und Produktionsverfahren oder jene „gesamtwirtschaftlichen Rahmenbedingungen", die für die Volkswirtschaften unseres Jahrhunderts von entscheidender Bedeutung sind?

4. Gibt es in der menschlichen Wirtschaft Größen, die zeit- und raumlos resp. unendlich oder vollkommen sind, wie die herrschende Wirtschaftstheorie unterstellt? Oder ist es nicht vielmehr so, daß menschliches Wirtschaften ausschließlich in Zeit und Raum vor sich geht, so daß es in einer Volkswirtschaft nichts gibt, was nicht endlich, begrenzt und unvollkommen ist?

Seit meinen ersten, im Jahr 1949 veröffentlichten Aufsätzen über ‚Die Relativität der Wirtschaft' und ‚Konkurrenz und Monopol in Wirklichkeit' habe ich diese Fragen so zu formulieren versucht, daß sie sich eindeutig beantworten lassen. Auch dieses Buch ist ein Beitrag hierzu.

Sicherlich wäre es verfehlt, auf Erkenntnisse, die wir der Kreislaufanalyse und dem Gleichgewichtsdenken verdanken, zu verzichten. Die Frage, um die es in Wirklichkeit geht, lautet vielmehr:

Ist das, was die Neoklassik behandelt, die g a n z e Wirtschaftstheorie, und ist umgekehrt alles, was sie vorträgt, auch tatsächlich Theorie von der vom Menschen gestalteten Wirtschaft? Hat — mit anderen Worten — die ökonomische Theorie *die Grenzen ihres Erkenntnisobjekts* auf der einen Seite nicht zu *eng* und auf der anderen Seite nicht zu *weit* gezogen?

Diese Frage wird uns begleiten, wenn „*Leistungswettbewerb und ruinöse Konkurrenz* in ihrem Einfluß auf Wohlfahrt und Beschäftigung" untersucht werden. — Es wird sich zeigen, daß sich Kreislaufgrößen durch ökonomische Prozesse *gestalten* lassen und daß diese Prozesse für die Entwicklung von Angebot und Nachfrage und damit für Wachstum ebenso wie auch für Arbeitslosigkeit und Elend von entscheidender Bedeutung sind. Eine Anwendung gleichgewichtsanalytischer Erkenntnisse auf die Realität, wie dies beispielsweise von der deutschen M o n o p o l k o m m i s s i o n, dem B u n d e s g e r i c h t s h o f und britischen Nachkriegsregierungen geschehen ist, erweist sich hingegen als Ursache schwerer wirtschaftlicher Schäden. Auch die *Wirtschaftspolitik der gegenwärtigen Bundesregierung* ist aus der Sicht der Prozeßtheorie nicht konsequent.

Für Hilfe und Kritik bin ich vielen Freunden und Kollegen dankbar, insbesondere *Alp Bahadir*, in dessen Institut Teile meines Manuskripts in Maschinenschrift übertragen wurden.

Berlin, im April 1986

Helmut Arndt

Inhaltsverzeichnis

Einleitung 11

**I. Teil: Gestaltung der Wirtschaft
durch ökonomische Prozesse**

1. Die Kreislauftheorie erklärt nicht die Gestaltung der Wirtschaft durch den Menschen 15

2. Erkenntnisobjekt der Wirtschaftstheorie ist weder Natur noch Geschichte, sondern die vom Menschen gestaltbare (und gestaltete) Wirtschaft 18

3. Die Wirtschaftstheorie hat nicht nur Gleichgewichtslagen (oder „Ungleichgewichte"), sondern auch sozialökonomische Prozesse zu analysieren 25

4. Anpassungs- und Enwicklungsinvestitionen beeinflussen Angebot und Nachfrage 30

5. Märkte entwickeln sich ebenso wie Produktion und Bedarf 35

6. Preise und Gewinne üben nur in sozialökonomischen Prozessen volkswirtschaftliche Funktionen aus 39

7. Unternehmenspolitik beschränkt sich in sozialökonomischen Prozessen nicht auf Preis- und Mengenvariationen 45

8. In sozialökonomischen Prozessen sind andere Variablen aktuell als im Gleichgewicht 49

9. Im Verlauf sozialökonomischer Prozesse sind die vom Staat gesetzten „Rahmenbedingungen" keine Daten 55

II. Teil: Der Leistungswettbewerb

1. Der Leistungswettbewerb ist kein Naturprodukt, sondern das Ergebnis menschlicher Kreativität 59

2. Der Leistungswettbewerb besteht aus sozialökonomischen Prozessen, die durch Knappheitspreise gelenkt werden und den Qualitätswettbewerb sowie vor allem den Entwicklungswettbewerb umfassen 62

3. Prozessuale Leistungsmonopole sind mit Leistungswettbewerb vereinbar, permanente Machtmonopole hingegen nicht 72

4. Der Leistungswettbewerb erfüllt volkswirtschaftliche Funktionen im Interesse der Wirtschafter 79

5. Was bei der Konstruktion des Leistungswettbewerbs (und damit der Marktwirtschaft) zu beachten ist 85

6. Eine Wirtschaftsordnung läßt sich nach dem Kreislauf- oder nach dem Entwicklungsmodell konstruieren 94

7. Der Staat und seine Organe gestalten die Wirtschaftsordnung 99

III. Teil: Ruinöse Konkurrenz und andere Entartungen der Marktwirtschaft

1. Entartungen des Leistungswettbewerbs sind von Wettbewerbsbeschränkungen zu unterscheiden 103

2. Das Funktionieren des sozialökonomischen Prozesses des Leistungswettbewerbs hängt von der Machtverteilung zwischen Industrie und Handel ab 106

3. Ruinöse Konkurrenzprozesse entstehen, wenn die Macht zwischen Anbietern und Nachfragern ungleich verteilt ist 110

4. Eine Fehlkonstruktion der Marktwirtschaft liegt vor, wenn die Mehrheit der Bevölkerung vom Produktivitätswachstum ausgeschlossen wird 119

5. Unterbeschäftigung entsteht ebenfalls bei einer Benachteilung der Unternehmen 123

6. Die Vermengung von „Welfare Economics" und Leistungswettbewerb hemmt und verfälscht die wirtschaftliche Entwicklung 128

7. Vollbeschäftigung in Marktwirtschaften hängt primär vom Gleichklang der wirtschaftlichen Entwicklung und nur sekundär vom Wachstum ab 131

Literatur 135

Namenregister 141

Sachregister 143

Einleitung

> The powerful attraction of the habits of thought engendered by "equilibrium economics" has become a major obstacle to the development of economics as a *science*.
>
> Nicholas Kaldor (1972)

Eine Marktwirtschaft besteht nicht aus Gleichgewichtslagen. In ihr vollziehen sich vielmehr in Zeit und Raum ablaufende Wettbewerbsprozesse, in denen sich ökonomisch relevante Größen wie Produkte und Produktionsverfahren ebenso wie Wertungen und Bedarfsstrukturen verändern — eine Tatsache, die wirtschaftspolitisch von eminenter Bedeutung ist. Die Theorie der ökonomischen Prozesse, die in diesem Buch behandelt wird, untersucht daher, wie der Mensch seine Wirtschaft gestaltet und wie sich hierdurch Qualitäten der Güter, Produktivität der Arbeit, Arten des Bedarfs und nicht zuletzt die Realeinkommen entwickeln. Sie betrachtet den Menschen nicht nur als Objekt, sondern auch als S u b j e k t und bezieht infolgedessen die menschliche Kreativität — ebenso wie die menschliche Unzulänglichkeit — in ihre Analyse ein.

Im ersten Teil werden Prozesse mit Gleichgewichtslagen verglichen. Es wird u. a. gefragt, wie sich prozessuale Knappheitspreise von Gleichgewichtspreisen unterscheiden, wie Anpassungs- und Entwicklungsinvestitionen Angebot und Nachfrage beeinflussen, weshalb neue Märkte entstehen und alte Märkte untergehen und warum Knappheitspreise ebenso wie Gewinne oder Verluste durch *menschliche Aktivitäten* beeinflußbar werden. — Vieles, was aus der Sicht einer Gleichgewichtsbetrachtung als exogen erscheint, ist aus der Sicht einer Prozeßtheorie „endogen". Bei einer ökonomischen Prozeßtheorie kommt es auf die *ökonomischen Wirkungen* an. So ist der technische Fortschritt als solches zwar kein ökonomisches Phänomen, aber seine Wirkungen sind ökonomisch relevant, wenn neue Produkte und Produktqualitäten angeboten werden, die neue Bedürfnisse wecken, die es vorher noch nicht gegeben hat, oder wenn leistungsfähigere Produktionsverfahren eingesetzt werden, die das Output je Arbeiter und mit der Produktion — zumindest in the long run — die Realeinkommen erhöhen.

Im zweiten Teil wird der Prozeß des Leistungswettbewerbs behandelt, der kein Naturprodukt, sondern Ergebnis menschlicher Kreativität ist und den es weder im Altertum noch im Mittelalter gegeben hat. In diesem Prozeß werden als Mittel der Selbstbehauptung nicht allein Preise, sondern auch Qualitäten und vor allem neue Produkte und Produktqualitäten sowie leistungsfähigere Herstellungsverfahren eingesetzt. *Für eine Marktwirtschaft ist daher nicht der Kreislauf gegebener Güter zur Befriedigung konstanter Bedarfsstrukturen, sondern — neben Anpassungsvorgängen — die wirtschaftliche Entwicklung charakteristisch, in deren Verlauf sich alle ökonomisch relevanten Größen (Produkte und Bedürfnisse, Produktionsverfahren und Realeinkommen usw. und damit zugleich Angebot und Nachfrage) verändern.*

Der dritte Teil untersucht, weshalb sich *Wettbewerbsentartungen* von *Wettbewerbsbeschränkungen* unterscheiden, wie die Verteilung der Macht an Waren- und Arbeitsmärkten die Anpassungs- und Entwicklungsprozesse verändert und warum Unterbeschäftigung entsteht, wenn man das dynamische Prinzip der Entwicklung, das der Marktwirtschaft entspricht, mit dem stationären Kreislaufprinzip vermengt, bei dem es auf die Verteilung vorhandener Güter auf gegebene Bedürfnisse ankommt. Abschließend wird nachgewiesen, warum Vollbeschäftigung in Marktwirtschaften nicht primär vom Wachstum, sondern vom Gleichklang der Entwicklung von Produktion und Bedarf — und damit von einer *gleichmäßigen Entwicklung von Angebot und Nachfrage* — abhängt.

Die wirtschaftliche Entwicklung ist von vielen Ökonomen* und vor allem von *Joseph A. Schumpeter* in die Untersuchung einbezogen worden. Eine „Theorie der ökonomischen Prozesse" ist jedoch von keinem dieser Autoren erstellt worden. Auch von Schumpeters genialem Ansatz unterscheidet sich eine solche Theorie in mehrfacher Hinsicht. Sie analysiert keine Konjunkturschwankungen, die durch das scharenweise Auftreten schöpferischer Unternehmer (und deren ebenso plötzliche Erschlaffung) verursacht werden, sondern *ökonomische Wettbewerbs-*

---

* Eine Erweiterung des Erkenntnisobjekts um ökonomische Prozesse ist außer von der österreichischen Schule (*Eugen von Böhm-Bawerk, Gottfried Haberler, Friedrich A. Hayek, Israel M. Kirzner, Emil Lederer, Ludwig von Mises, Joseph A. Schumpeter* u. a.) vorgenommen oder vorgeschlagen worden von *Knut Wicksell, Ragnar Frisch, Jack Downie, Frank H. Knight, Dennis H. Robertson, Erik Lundberg,* dem Kreis um *Nicholas Kaldor* und *Joan Robinson,* ferner von *Joel Dirlam* und *Alfred E. Kahn,* der „Michigan School" (mit *Walter Adams, Warren J. Samuels* u. a.), in Holland vornehmlich von *Henk W. de Jong* und seinen Freunden sowie zahlreichen Ökonomen in Frankreich, Italien, der BRD und anderen Ländern. Eine vollständige Aufzählung ist hier nicht möglich. Eine dogmenhistorische Darstellung dieser z. T. sehr verschiedenartigen Ansätze (wobei auch *Thorstein Veblen* und der „Institutionalismus" einzubeziehen wäre) ist nicht Anliegen dieses Buches und verdient eine besondere Untersuchung.

prozesse, in denen sich dank menschlicher Kreativität Angebot und Nachfrage entwickeln. Sie unterscheidet im Gegensatz zu Schumpeter zwischen *Gleichgewichtspreisen,* die sich nach den Kosten, z. B. nach den Grenzkosten, richten, und *prozessualen Preisen,* die von der jeweiligen Knappheit bestimmt werden, sowie zwischen *Machtmonopolen,* welche die wirtschaftliche Entwicklung ausschließen, und prozessualen *Leistungsmonopolen,* die der wirtschaftlichen Entwicklung immanent sind. Sie schließt die Entwicklung neuer Bedürfnisse und damit neuer Bedarfsarten in die Untersuchung ein und stellt die *Novitätsinvestitionen,* die durch neue Güter zusätzliche Bedürfnisse wecken, den *Rationalisierungsinvestitionen* gegenüber, welche mit der Produktivität die (durchschnittlichen) Realeinkommen erhöhen. Sie unterscheidet zwischen sich entwickelnden Märkten, auf denen sich infolge des Auftretens von Nachahmern Dekonzentrationsprozesse vollziehen, und schrumpfenden Märkten, von denen sich die Nachfrage abwendet. Die Theorie der sozialökonomischen Prozesse geht auch nicht wie Schumpeter von einer naturgesetzlichen Entwicklung aus, die im Sozialismus endet, sondern von der menschlichen Gestaltungsfähigkeit. Sie faßt überdies den *Entwicklungsbegriff* enger als Schumpeter, als sie sich auf die ökonomischen Wirkungen von Entwicklungsinvestitionen beschränkt und die Bildung von Machtmonopolen nicht als wirtschaftliche Entwicklung definiert. Schumpeter hat zwar das unsterbliche Verdienst, erstmals „die Konkurrenz der neuen Ware, der neuen Technik, der neuen Versorgungsquelle, des neuen Organisationstyps" der neoklassischen Theorie der vollkommenen Konkurrenz gegenübergestellt und damit das Erkenntnisobjekt der Wirtschaftstheorie erweitert zu haben, aber er hat dies getan, ohne zwischen Leistungswettbewerb, Wettbewerbsbeschränkungen und Wettbewerbsentartungen zu differenzieren. Schumpeter hat — wenn man vom Wettbewerb der Nachahmer absieht — Wettbewerbsprozesse überhaupt nicht analysiert. Schumpeters Erkenntnisobjekt war das historische Phänomen des „Kapitalismus", aber nicht das theoretische Modell einer Marktwirtschaft, die nach dem Prinzip des Leistungswettbewerbs arbeitet.

Nach *Nicholas Kaldor* hat „the powerful attraction of the habits of thought engendered by ‚equilibrium economics'" die Entwicklung der Wirtschaftstheorie zur Wissenschaft behindert. Nach meiner Meinung ist die mächtige Anziehungskraft der Gleichgewichtstheorie mehr dafür verantwortlich, daß die Analyse von ökonomischen Prozessen, wie ich sie in diesem Buch und zuvor in „Vollbeschäftigung" versucht habe, zu Unrecht aus dem Erkenntnisobjekt der Wirtschaftswissenschaft ausgeschlossen worden ist. Diese Abhandlung fußt auf der Kritik meines Buches „Irrwege der Politischen Ökonomie" (1979) und der überarbeiteten amerikanischen Fassung „Economic Theory vs. Economic Reality"

(1984). Sie ist nach der „Vollbeschäftigung" ein zweiter Schritt zu einer Wirtschaftstheorie, die infolge ihrer größeren Wirklichkeitsnähe rationale Wirtschaftspolitik möglich macht.

ERSTER TEIL

Gestaltung der Wirtschaft durch ökonomische Prozesse

1. Die Kreislauftheorie erklärt nicht die Gestaltung der Wirtschaft durch den Menschen

Ein Kreislauf von Gütern, die produziert und konsumiert werden, läßt sich nicht nur in Volkswirtschaften, sondern auch bei Ameisen- oder Bienenvölkern beobachten. Auch der Blutkreislauf ist kein Spezifikum des Menschen. Was den Menschen und seine Wirtschaft auszeichnet, ist die Fähigkeit zur Gestaltung. Während sich ein Kreislauf jahrein, jahraus auf die gleiche Weise vollzieht, besitzt der Mensch als einziges Lebewesen der uns bekannten Welt die Fähigkeit, seine Umgebung und damit zugleich seine Wirtschaft weitgehend nach seinen Ideen zu formen. Der Mensch gestaltet seine Wirtschaft, weil er über die Gabe verfügt, kreativ zu sein. Er kreiert neue Güter und entwickelt mit diesen neuen Produkten neue ökonomisch relevante Bedürfnisse, die seinen Vorfahren noch völlig unbekannt gewesen sind, und neue Formen der Warenproduktion wie der Geldzirkulation, die es zuvor nicht gegeben hat.

Die Güter, die der Mensch im 20. Jahrhundert produziert und konsumiert, hat es — von wenigen Ausnahmen abgesehen — zur Zeit von Adam und Eva nicht gegeben. Sie sind wie die heute ökonomisch relevanten Arten des Bedarfs an Autos, Elektrogeräten oder Flugzeugen erst im Verlauf der jüngeren menschlichen Geschichte entwickelt worden. Adam und Eva besaßen zwar schon animalische Bedürfnisse, wie Hunger und Durst, aber der Wunsch, in einem Restaurant zu speisen, war ihnen ebenso unbekannt wie die Getränke und Gerichte, die in solchen Lokalen auf der Karte stehen. Von den Lebensmitteln, die uns heute aus Fleischer- und Delikateßgeschäften vertraut sind, ahnten sie ebenso wenig wie von den Artikeln, die in unseren Kaufhäusern erhältlich sind.

Sicherlich läßt sich das Konzept des Kreislaufs vom menschlichen Körper auf Volkswirtschaften übertragen, wie dies François Quesnay und später Keynes getan haben und die Vertreter der Neoklassik (einschließlich der „Welfare Economics"[1]) von Samuelson bis zu Arrow und Debreu noch heute tun. Niemand kann auch bestreiten, daß die Wirtschaftstheorie dem Kreislaufkonzept eine Reihe von grundlegenden Erkenntnissen verdankt. Aber die ökonomische Entwicklung, die Kreation neuer Konsum- und Kapitalgüter und die damit verbundene Weckung neuer Bedürfnisse, erklärt sie nicht. Weshalb gibt es heute andere Produkte und andere ökonomische Bedürfnisse als vor hundert oder zweihundert Jahren? Weshalb sind die durchschnittlichen Realeinkommen pro Kopf der Bevölkerung im gleichen Zeitraum um ein Mehrfaches gestiegen? Und welche ökonomischen Probleme werden infolge dieser wirtschaftlichen Entwicklung aktuell? Diese und ähnliche Fragen werden durch eine Theorie nicht beantwortet, die sich auf das Kreislaufkonzept beschränkt. Wenn das Sozialprodukt nicht konstant ist, sondern sich je nach seiner Verteilung entwickelt, erhält die Frage der Wohlstandsmaximierung eine völlig andere Dimension.

Die Wirtschaftstheorie kann sich nicht mit der Analyse von Kreislaufvorgängen begnügen, wenn zum Wirtschaften außer der Anpassung an veränderte Bedingungen vor allem auch die Kreation von neuen Produkten und leistungsfähigeren Produktionsverfahren ebenso wie die Weckung von neuen Bedürfnissen und neuen Arten des volkswirtschaftlichen Bedarfs gehört. Der wirtschaftende Mensch ist kein „l'homme machine", dessen Reaktionen berechenbar sind, sondern ein mit Verstand und Phantasie begabtes Wesen, das die Wirtschaft nach eigenen Ideen gestaltet. Menschliches Wirtschaften läßt sich daher nur dann vollständig erklären, wenn man die geistigen Fähigkeiten des Menschen nicht außer acht läßt und die Entwicklung der Produktion wie des Bedarfs und damit die Gestaltung von Angebot und Nachfrage in die Analyse einbezieht[2]. Eine *Theorie der ökonomischen Prozesse*, für die es trotz Schumpeters genialen Werks kaum Ansätze gibt, erweist sich daher als Ergänzung und Korrektur der Kreislaufbetrachtung als erforderlich.

Wenn im Folgenden nicht mehr schlicht von ökonomischen, sondern von *sozial*ökonomischen Prozessen gesprochen wird, so soll damit betont werden, daß es sich hier um volkswirtschaftliche und damit um *gesellschaftliche* Phänomene handelt. In der gesellschaftlichen Wirtschaft sind die *ökonomischen* Bedürfnisse[3] eines Menschen weniger an-

---

[1] Vgl. *Pigou* (1952), *Baumol* (1965) sowie die einschlägigen Werke von *Beveridge, Myint, Kauder* und vielen anderen.

[2] Die *Entwicklung des Wohlstands* und damit der *künftigen* Güterversorgung ist auch nicht Gegenstand von *Arrow* (1983) und *Sen* (1985, S. 1764 ff.).

[3] Im Gegensatz zu physischen Bedürfnissen, die z. B. *Menger* in seiner „Lehre von den Bedürfnissen" (1923, S. 1 ff.) unterstellt.

geboren als *anerzogen:* Sie werden — wie die Bedürfnisse, Autos oder Fernseher zu besitzen — durch die Nachbarn, die Kollegen, die Verwandten und die Werbung beeinflußt. Es gibt in der Realität keine dem Individuum von Natur aus angeborenen und daher unveränderlichen Bedarfsstrukturen, wie die Neoklassik mit *Heinrich Hermann Gossen* unterstellt. Ebenso genügt es in der Volkswirtschaft nicht, ein Unternehmen wie in der Betriebswirtschaft isoliert zu betrachten, wie dies z. B. in Modellen wie der „vollkommenen" und der „unvollkommenen" Konkurrenz geschieht. Wie die Entstehung von Märkten und die Bildung von Marktpreisen, so ist auch der Wettbewerb zwischen Unternehmen kein individuelles, sondern ein gesellschaftliches Phänomen, das außerhalb von Zeit und Raum überhaupt nicht denkbar ist[4]. Die Wirtschaftstheorie hat es weder mit Robinson Crusoe auf seiner einsamen Insel, noch mit *Marshalls'* „repräsentativer Firma"[5], sondern mit *sozialökonomischen* Beziehungen zu tun.

---

[4] Vgl. *Arndt* (1984 a, S. 19 ff., insb. S. 24).
[5] *Marshall* (1956, S. 264 f., 313 f., etc.).

> There is a widespread and growing dissatisfaction with prevailing economic theory in numerous quarters in England.
>
> Nicholas Kaldor (1975)

2. Erkenntnisobjekt der Wirtschaftstheorie ist weder Natur noch Geschichte, sondern die vom Menschen gestaltbare (und gestaltete) Wirtschaft

Was ist das Erkenntnisobjekt unserer Disziplin? Ist es Natur? Ist es Geschichte? Sind es nur Gleichgewichtslagen oder auch sozialökonomische Prozesse?

I. Die gestaltbare Wirtschaft

Die Wirtschaft, die der Mensch gestaltet, ist nicht „Natur" und daher auch nicht wie ein Naturphänomen erklärbar. Es besteht daher auch keine Analogie zwischen Wirtschafts- und Naturwissenschaften, wie *Karl R. Popper* unterstellt[6]. Popper verkennt, daß der Mensch ein schöpferisches Wesen ist, der weder seine Umwelt noch sich selbst als gegeben hinnimmt. Es ist die *menschliche Kreativität*, durch die sich die Sozialwissenschaften von den Naturwissenschaften unterscheiden: *Der Mensch bedient sich der Technik, gestaltet die Wirtschaft und verändert sich selbst.*

Es gibt keine von Natur gegebene Bedürfnisstruktur, die sich seit Adam und Eva nicht geändert hat. Vielmehr wandeln sich die ökonomisch relevanten Bedürfnisse (z. B. im Hinblick auf Freizeitgestaltung wie Urlaubsreisen usw.) im Verlauf der Zeit. Damit verlieren die sog. Gossen'schen Gesetze ihre naturgesetzliche Gültigkeit[7]. Wenn neue Produkte ökonomische Bedürfnisse wecken, die im Augenblick ihrer Entstehung noch ungesättigt sind und wenn hierdurch gleichzeitig alte Bedürfnisse verdrängt werden (wie dies beim Schwarzweiß- durch das Farbfernsehen geschehen ist), so hat der zuvor vorhandene Sättigungsgrad seine ökonomische Bedeutung eingebüßt. Die Gossen'schen Gesetze, die in einem Kreislauf gelten, bei dem gegebene Bedürfnisse

---

[6] Vgl. *Popper* (1957, S. 130), der mit Comte and Mill die Einheit der Methode betont, „whether they are natural sciences or social sciences".

[7] So schon meine „Mikroökonomische Theorie", Tübingen 1966, I., S. 6 - 14; ferner *Bork* (1978, S. 98).

2. Erkenntnisobjekt ist die vom Menschen gestaltete Wirtschaft

durch gegebene Produkte befriedigt werden, verlieren in einer sich entwickelnden Wirtschaft ihre Aktualität.

Gestaltet der Mensch die Wirtschaft, so kann man auch nicht wie Ricardo, Menger oder Walras davon ausgehen, daß die Gütervorräte „vorhanden" sind und daß es letztlich nur auf deren *Verteilung* ankomme — ein Gesichtspunkt, von dem heute noch die Vertreter der Wohlfahrtsökonomie ausgehen, wenn sie annehmen, daß eine Umverteilung von Reich zu Arm in jedem Fall den Volkswohlstand erhöht[8]. Hätte man nach dem Zweiten Weltkrieg in einem Land wie der BRD nach diesem Postulat gehandelt, so wäre die Armut zwar gleichmäßig verteilt, aber nicht durch den Wiederaufbau der Industrie überwunden worden. Die wirtschaftliche Entwicklung macht nicht nur das Auftreten neuer Produkte, sondern auch die Vervielfachung ihrer Produktion möglich.

Sind die Produkte mit ihren Eigenschaften nicht von Natur gegeben, sondern Gegenstand menschlicher Gestaltung, so läßt sich mit Ricardo und neoklassischen Ökonomen auch nicht unterstellen, daß es eine Klasse von Gütern gibt, die „selten" sind, während sich eine andere Klasse von Gütern (die man ökonomisch allein für relevant hält) durch „beliebige Vermehrtheit" auszeichnet. Neue Güter, die dank der menschlichen Kreativität auf die Welt kommen, sind — wie das Auto Ende der achtziger Jahre vorigen Jahrhunderts — stets zunächst selten und gewinnen erst im weiteren Verlauf ihrer Geschichte infolge des Auftretens von Nachahmern und durch den Ausbau der Kapazitäten ihre *„beliebige Reproduzierbarkeit"*. Auch kann von der vom Menschen gestalteten — und mitunter mißgestalteten — Welt das gleiche Gut zur gleichen Zeit in Hungergebieten wie der Sahel-Zone selten und in Wohlstandsländern, wie den EG-Ländern, im Überfluß vorhanden sein. Der Hunger in weiten Teilen der Welt unserer Tage ist ebenso wie die Institution der Sklaverei oder die Ausbeutung von Arbeitern im 18. und 19. Jahrhundert kein Natur-, sondern ein Gestaltungsproblem. Für Hunger, Elend oder Arbeitslosigkeit ist niemand anders verantwortlich als der Mensch.

Wären die wirtschaftlichen Zusammenhänge nicht vom Menschen gestaltbar, sondern tatsächlich von Natur gegeben, so würden endlich die berühmten *Kreise*, in die *Johann Heinrich von Thünen* aufgrund seiner damaligen historischen Studien die Landwirtschaft in seinem isolierten Staat einteilte, noch heute unverändert gültig sein. Verderbliche Güter müßten dann in unmittelbarer Nähe der Städte hergestellt

---

[8] Vgl. hierzu neuerdings *Robert Cooter* and *Peter Rappoport* (1984, S. 507 ff.) sowie die Kritik von *Woll* (1984, S. 32 ff.) und *Arndt* (1984 b, S. 37 ff. und S. 142 ff.).

werden, damit sie schnell zum Verbraucher transportiert werden könnten. Dank der menschlichen Kreativität gilt jedoch diese Feststellung, die zur Zeit von Thünens zutraf, nicht mehr in unserer Gegenwart. Heute werden Erdbeeren aus den Vereinigten Staaten oder aus Asien nach Europa eingeflogen, während sich in Haushalten wie Betrieben die Haltbarkeit von Obst, Gemüse, Milchprodukten oder Fleisch dank der Tiefkühltechnik vervielfacht hat.

Die Wirtschaftstheorie ist somit nicht in der Lage, in gleicher Weise wie die Naturwissenschaften mit zeitlos gültigen Erfahrungen zu operieren. Die menschliche Kreativität wie die Wandelbarkeit menschlicher Anschauungen und Vorstellungen verleihen Sozialwissenschaften, wie der Wirtschaftstheorie, einen besonderen Charakter.

Weil der Mensch kreativ ist und daher seine Wirtschaft gestaltet, kann sich die Wirtschaftstheorie nicht auf das klassische und vor allem neoklassische Kreislaufkonzept beschränken. Menschliches Handeln ist weder zeitlos noch berechenbar. Die ökonomische Kreislauftheorie, die — zumindest vorwiegend — Güter und Bedürfnisse als vorhanden unterstellt und den Menschen als „l'homme machine" betrachtet, muß daher durch eine *Theorie der sozialökonomischen Prozesse* ergänzt werden, *welche die Probleme behandelt, die sich aus der Entwicklung von Produkten und Produktionsverfahren sowie der Bedürfnisse — und damit aus der Gestaltung der menschlichen Wirtschaft — ergeben.*

II. Das historische Mißverständnis

Die Vertreter der historischen Schulen haben zwar die Veränderlichkeit ökonomischer Phänomene erkannt, aber sie verwechselten ihrerseits Wirtschaftstheorie mit Wirtschaftsgeschichte. Sie vertrauten ebenso blindlings auf die induktive Methode, wie klassische und vor allem neoklassische Ökonomen auf die Deduktion, obschon sich durch bloßes Sammeln allenfalls ein Museum, aber niemals eine Theorie, zu Wege bringen läßt. Mit Recht hält daher Walter Eucken eine „Theorie", die sich — nach Schmoller's Worten — „aus der Empirie des tausendfach verschiedenen Laufes der Tages- und Geschichtsereignisse zum Allgemeinen und Typischen ... erhebt", für eine „Fata Morgana"[9]. —

Die historische Orientierung bleibt allerdings auch bei Eucken erhalten, wenn er die „Erkenntnis wirtschaftlicher Wirklichkeit, wie sie heute ist, und wie sie jeweils war" für das Erkenntnisobjekt der Wirtschaftstheorie hält. Die sich hieraus für die Nationalökonomie ergebende

---

[9] *Eucken* (1947, S. 61).

2. Erkenntnisobjekt ist die vom Menschen gestaltete Wirtschaft

„Antinomie"[10] glaubt Eucken dadurch zu lösen, daß er „der Frage nach den Zusammenhängen des wirtschaftlichen Alltags ... die Frage nach dem Aufbau der Wirtschaftsordnungen" gegenüberstellt. Das Erkenntnisobjekt der Wirtschaftstheorie ist jedoch weder auf die Erklärung der historischen Wirklichkeit noch auf die Analyse von Wirtschaftsordnungen beschränkt. *Ihr Gegenstand ist die Gesamtheit der ökonomischen Zusammenhänge* — ohne Rücksicht darauf, ob sie bisher realisiert worden sind oder nicht.

Keine der historischen Schulen hat die Problematik gelöst, um die es geht. Dies zeigt sich nicht zuletzt darin, daß Vertreter aller dieser Schulen stets dann, wenn sie mit theoretischen Vorstellungen operieren, auf Modelle zurückgreifen, die von der klassischen oder neoklassischen Kreislauftheorie entwickelt worden sind. So haben Wilhelm Roscher und selbst Gustav Schmoller Ergebnisse der Klassik in ihre Werke eingefügt, während sich Walter Eucken in seiner Marktformenlehre auf die zeit- und raumlosen Gleichgewichtslagen stützt, die von der Neoklassik auf „Punktmärkten" (von Stackelberg) angesiedelt sind. Seine Freunde und Schüler, wie Franz Böhm oder Ernst-Joachim Mestmäcker halten sogar die Marktform der „vollständigen Konkurrenz", bei der ein homogenes Gut getauscht wird und der Preis ein Datum ist, für das wirtschaftspolitische Ideal, das der Marktwirtschaft zugrunde liegt, obschon sich keine wirtschaftliche Wirklichkeit außerhalb von Zeit und Raum denken läßt und es keinen Wettbewerb gibt, wenn Preis und Qualität unterschiedslos für alle Marktteilnehmer gegeben sind.

III. Die Grenzen des Erkenntnisobjekts

Alle bisherigen ökonomischen Schulen haben Schwierigkeiten mit der Abgrenzung unseres Erkenntnisobjekts. Die einen fassen es zu weit und die anderen zu eng.

Die *Vertreter der historischen Schulen* ziehen die Grenzen *im Extremfall so weit*, daß alles, was mit Wirtschaft irgendwie zu tun hat, zum Erkenntnisgegenstand gehört. So behandelt Gustav Schmoller in seinem „Grundriß der allgemeinen Volkswirtschaftslehre" technische Verfahren der Eisen- und Stahlindustrie, während Wilhelm Lexis im Artikel „Gold und Goldwährung" die „Goldproduktion im Altertum und Mittelalter" und ähnliches beschreibt[11]. Sie verlieren sich auf diese Weise in Nebensächlichkeiten und vergessen hierüber das, was ökonomisch wesentlich ist.

---

[10] *Ebenda*, insb. S. 34 ff., 109.
[11] *Lexis* (1892, S. 81 ff.).

22   I. Teil: Gestaltung der Wirtschaft durch ökonomische Prozesse

Die *Vertreter der neoklassischen Theorie* fassen ihr Erkenntnisobjekt so eng, daß im Grenzfall nur eine Tauschwirtschaft mit vorhandenen Produkten und gegebenen Bedürfnissen übrig bleibt. Damit wird die Wirtschaftstheorie zu einer *Preis-Mengen-Lehre* reduziert, in der weder Anpassungsvorgänge noch Entwicklungsprozesse einen Platz haben. Sie haben zwar ihr Erkenntnisobjekt erweitert, wenn sich empirische Erscheinungen anders nicht erklären lassen, wie dies Sraffa[12] und Keynes[13] getan haben, und sie haben die empirischen Ergebnisse zurecht gebogen, um — wie Leontief und Lange[14] — Anpassungsprozesse in eine Sequenz von partiellen Gleichgewichtslagen zu verwandeln[15]. Im wesentlichen aber haben sie die von den Begründern der Grenznutzenschule stammende Definition des Erkenntnisobjekts übernommen, nach der es die Wirtschaftstheorie mit Gleichgewichtslagen zu tun hat, in dem Bedürfnisse, Produkte wie Produktionsverfahren gegeben sind, stets Äquivalente getauscht werden, und die Preise ausschließlich durch die Kosten (und zwar bei der „vollkommenen Konkurrenz" durch die Grenzkosten) bestimmt werden. Die Neoklassiker behandeln damit alles als „*exogen*", was die reine Kreislaufanalyse durchbricht, wenn sich auch viele Ökonomen wie z. B. Eugen Böhm-Bawerk, Gustav Cassel, Gottfried Haberler, Alvin H. Hansen, Friedrich A. Hayek, Emil Lederer, Ludwig von Mises, Arthur Spiethoff, Knut Wicksell und vor allem Joseph A. Schumpeter über diese willkürliche Begrenzung des Erkenntnisobjekts — mehr oder minder — hinweggesetzt haben[16].

---

[12] *Sraffa* (1926, S. 535 ff., insb. 544 f.) erklärt den empirischen Befund, daß konkurrierende Firmen in unteroptimaler Ausbringung produzieren (ein Befund, der mit der sog. „vollkommenen Konkurrenz" unvereinbar ist) dadurch, daß er die Prämisse der Gutshomogenität preisgibt und jeden Qualitätsunterschied als Ursache eines Monopols ansieht. Dies hätte — zu Ende gedacht — auf jedem Wochenmarkt und selbst in jedem Schuhgeschäft eine Vielzahl von „Monopolen" zur Folge, was dem sozialökonomischen Begriff des — einen Markt beherrschenden — Monopols widerspricht.

[13] *Keynes* (1936, S. 245) führt das Gleichgewicht mit Unterbeschäftigung ein, um die Massenarbeitslosigkeit der Dreißiger Jahre mit Hilfe der Gleichgewichtsanalyse zu erklären (als ob es ein Gleichgewicht gäbe, wenn Menschen verelenden und Maschinen verrotten).

[14] Wobei die Autoren wiederum das Modell der „vollkommenen Konkurrenz" zugrunde legen, damit sie mit Grenzkosten (und Gleichgewichtslagen) operieren können.

[15] Ebenso *Reder* (1982, S. 22), dessen Ausführungen sich zwar nur auf die Chicago-Schule beziehen, sich jedoch generell auf die Neoklassik übertragen lassen, die je nach dem empirischen Befund ihr Modell wechselt: Zur Erklärung rein quantitativer Gleichgewichtslagen wird das Modell der vollkommenen Konkurrenz und zur Erklärung qualitativer Einflüsse das Modell der unvollkommenen (oder „monopolistischen") Konkurrenz verwendet, ohne zu beachten, daß beide Modelle auf zeit- und raumlosen „Punktmärkten" (*v. Stackelberg*) angesiedelt sind. — Zur „Erweiterung" des Erkenntnisobjekts durch die sog. *Ungleichgewichtstheorien*, vgl. unten S. 25 f. sowie die Fußnoten 17 und 23.

2. Erkenntnisobjekt ist die vom Menschen gestaltete Wirtschaft 23

Je nachdem, wie eng oder wie weit man das Erkenntnisobjekt faßt, ändern sich die Ergebnisse. Schließt man, wie z. B. Keynes die Außenwirtschaft (weitgehend) aus der Modellbetrachtung aus, so ist der Einfluß, der von einem schrumpfenden Welthandel auf die Beschäftigung ausgeht, nicht feststellbar. Erklärt man die Kreation neuer Investitions- und Konsumgüter für „exogen", so liegt die wirtschaftliche Entwicklung außerhalb des Erkenntnisobjekts. Der sozialökonomische Prozeß des Leistungswettbewerbs, in dem nicht nur der Preis, sondern auch neue Produkte und Produktqualitäten ebenso wie leistungsfähigere Produktionsverfahren als Mittel des Wettkampfes eingesetzt werden, erscheint dann „wirtschaftstheoretisch" als nicht existent. Die Vermehrung der Produkte und Produktqualitäten, die Entwicklung ökonomisch relevanter Bedürfnisse und das Wachstum der Realeinkommen, das dem Leistungswettbewerb zu verdanken ist, sind dann ebenso wenig Gegenstand der Theorie wie die ruinöse Konkurrenz oder andere Entartungen der Wettbewerbsprozesse. Gewinne sind dann „Residua", die mit unternehmerischen Leistungen nichts zu tun haben, und Investitionen sind auf Ersatzbeschaffungen (oder Betriebserweiterungen) beschränkt.

Diese Abgrenzung ist jedoch willkürlich. Es gibt keinen sachlichen Grund, die Wirtschaftstheorie auf Gleichgewichtslagen und Kreislaufanalysen zu beschränken. *Die neoklassische Kreislauftheorie*, die mit gegebenen Produkten, gegebenen Produktionsmethoden und gegebenen (ökonomischen) Bedürfnissen arbeitet, *ist daher durch eine Theorie der sozialökonomischen Prozesse*[17] *zu ergänzen,* in deren Verlauf sich die Produkte und Produktqualitäten ebenso wie die ökonomisch relevanten Bedürfnisse und Bedarfsarten entwickeln: Weder die Natur noch die Geschichte, sondern *die vom Menschen gestaltbare (und gestaltete) Wirtschaft ist Gegenstand der Wirtschaftstheorie.*

Das Erkenntnisobjekt, von dem hier ausgegangen wird, ist somit enger als der Untersuchungsgegenstand der Historischen Schulen, weil es nur ökonomische Zusammenhänge erfaßt. Auch ist Gegenstand der Wirtschaftstheorie nicht die Wirtschaftsgeschichte[18].

---

[16] Zur Abgrenzung des Erkennntnisobjekts, s. auch die interessante Schrift von *Appels* (1986, insb. S. 255 ff. und S. 373 ff.).

[17] Die nicht auf der neoklassischen Gleichgewichtstheorie aufbaut und keine „Theorie der Ungleichgewichte" ist, die zwar einige heroische Prämissen aufgibt, im übrigen aber die gleichen „tools" verwendet. Ökonomische Prozesse sind keineswegs allein durch das Fehlen eines Gleichgewichts ausgezeichnet. — Zum Ungleichgewichtsansatz vgl. *Leijonhufvud* (1972), *Barro* and *Grossman* (1976), *Rothschild* (1981), *Benassy* (1982), *Sondermann* (1985) u. a. sowie unten Fußnoten 21 und 23.

[18] Vgl. aber *Niehans* (1981, S. 167).

Gegenüber der Neoklassik sind die Grenzen teils enger und teils weiter gezogen. Sie sind enger, weil „unendliche" Elastizitäten, „unendliche" Geschwindigkeiten u. dgl. ebenso wie „Vollkommenheiten", die sich durch Zeit- und Raumlosigkeit und das Fehlen qualitativer (wie persönlicher) Unterschiede auszeichnen, in der Realität nicht vorkommen[19]. Und sie sind weiter, weil nicht nur Gleichgewichtslagen, sondern auch — und vor allem — *ökonomische Prozesse* in die Analyse einbezogen werden. Es gibt keinen Grund, zeit- und raumlose Modelle u. dgl. in das Erkenntnisobjekt der Wirtschaftstheorie einzubeziehen und ökonomische Prozesse auszuschließen. Seitens der Neoklassik gibt es nicht einmal den Versuch, diese in jeder Hinsicht willkürliche Objektbestimmung zu begründen. Es gibt jedoch andererseits einen entscheidenden Grund für die Ergänzung der Gleichgewichtstheorie durch eine Theorie der ökonomischen Prozesse: In der *Realität der Marktwirtschaft* gibt es normalerweise keine Gleichgewichtslagen, sondern nur ökonomische Prozesse. *Die Theorie der sozialökonomischen Prozesse ist infolgedessen die Voraussetzung für eine den realen Problemen entsprechende Wirtschaftspolitik*[20].

---

[19] Vgl. die Kritik von *Joan Robinson* (1979 resp. 1981), sowie die Gegenkritik von *Weintraub* (1985, S. 146 ff.), der jedoch die Argumentation von Robinson weitgehend mißverstanden hat. Siehe ferner *Brown* (1972), *Kaldor* (1972, S. 1327 ff., und 1975, S. 347 ff.); vor allem auch *Appels* (1986, S. 246 ff.) sowie *Kirzner* (1982 und 1984, S. 140 ff.), *Holleis* (1985); zu J. Robinson siehe *Harcourt* (1986, S. 104 ff. mit Literaturangaben); zur generellen Kritik am „Rationalismus in der Wirtschaftstheorie", vgl. *Kristol* (1984, S. 253 ff., insb. S. 274 f.).

[20] Vgl. *Holub* (1978, S. 75 ff.); vor allem auch *de Jong* (1985, S. 3 ff.). Zur Kritik der Gleichgewichtstheorie s. ferner *Hahn* (1984, S. 154 ff.), *Kirzner* (1984, S. 140 ff.).

In the long run we are all dead.

3. Die Wirtschaftstheorie hat nicht nur Gleichgewichtslagen (oder „Ungleichgewichte"), sondern auch sozialökonomische Prozesse zu analysieren

Die traditionelle Kreislauftheorie hat sich im wesentlichen auf die Analyse von Gleichgewichtslagen (und „Ungleichgewichten"[21]) konzentriert. Soweit sie Anpassungsvorgänge in die Untersuchung einbezieht, werden sie von ihr — wie im „Cobwebtheorem" — als „partielle Gleichgewichtslagen" aufgefaßt, die sich in gleicher Weise, wie das zeit- und raumlose Gleichgewicht der sog. „vollkommenen Konkurrenz", mit Hilfe von Grenzkosten bestimmen lassen[22]. Auch die sog. „Ungleichgewichtstheorien" bieten keine adäquate Erweiterung des Erkenntnisobjekts. Zum einen läßt sich ein Begriff nicht durch die Negation eines anderen definieren: Ungleichgewichte lassen sich nicht aus Gleichgewichtslagen ableiten[23]. Zum anderen — und dies ist sachlich entscheidend — entsteht kein „Ungleichgewicht", wenn ein „Gleichgewicht" gestört wird, sondern ein *Prozeß* — und auf Prozesse sind die von der Gleichgewichtsanalyse gefundenen Schlußfolgerungen auch nicht im Wege eines Umkehrschlusses anwendbar. Dies ergibt sich al-

---

[21] Zwischen Gleichgewichts- und Ungleichgewichtstheorien besteht aus der Sicht einer Prozeßtheorie kein relevanter Unterschied, selbst wenn man nicht wie Rothschild den Postkeynesianismus zur Ungleichgewichtstheorie rechnet und Clower, Patinkin oder Malinvaud zu ihren Vorläufern zählt. Vgl. *Rothschild* (1981, S. 32 ff., S. 45 ff., S. 71 ff., S. 104 ff. und S. 131 ff.) sowie unten Fußnote 23.

[22] Vgl. *Arndt* (1976, S. 96 ff., sowie 1979 und 1984 a, jeweils das 2. Kapitel).

[23] Im übrigen ist das *Erkenntnisobjekt der sog. Ungleichgewichtstheorie* nicht exakt bestimmt und umfaßt unterschiedliche Tatbestände. Nach Rothschild liegt z. B. eine Ungleichgewichtssituation auch bei Preisgabe der „Pareto-Optimalität" vor, so daß „eine Besserstellung von Einzelnen oder Gruppen möglich (ist), ohne daß irgendwer Nutzenverluste erleidet" (*Rothschild*, 1981, S. 13). Wie ist es nun jedoch mit „Situationen", in denen einer oder eine Gruppe (z. B. von Ausbeutern) Vorteile auf Kosten anderer erzielt? Bezeichnet man auch diese „Situationen" als Ungleichgewichte, so lassen sich nicht nur *Bentham* oder *Baumol*, sondern auch *Proudhon* und *Marx* oder Kathedersozialisten wie *Lujo Brentano* und *Gustav Schmoller* als „Ungleichgewichtstheoretiker" oder zumindest als deren Vorläufer bezeichnen. Tatsächlich handelt es sich bei diesen „Situationen" jedoch um *ökonomische Prozesse*, was schon Karl Marx bekannt war. Wie die wirtschaftliche Entwicklung liegen auch die Einflüsse wirtschaftlicher Macht außerhalb jeder Art von Gleich- oder Ungleichgewichtsbetrachtung.

lein schon daraus, daß *in ökonomischen Prozessen andere Variablen auftreten als im Gleichgewicht*. In ihrem Verlauf entwickeln sich beispielsweise dank der menschlichen Kreativität neue Produkte und Produktqualitäten, zuvor unbekannte (ökonomische) Bedürfnisse und Bedarfsarten sowie höhere Realeinkommen, während sich gleichzeitig die ökonomischen Wertvorstellungen wandeln. Die Ungleichgewichtstheorien enthüllen nicht, sondern verschleiern die in Prozessen auftretenden Zusammenhänge.

Sobald die Menschen die Wirtschaft nicht mehr als gegeben hinnehmen, sondern nach ihren Ideen und Vorstellungen gestalten, fehlen die Voraussetzungen für jede Art von Gleichgewichtsbetrachtung. Anpassung und Entwicklung, die als Folge dieser Gestaltung auftreten, sind sozialökonomische Prozesse, die sich in Zeit und Raum vollziehen und dadurch auszeichnen, daß sie sich ebenso wie ihre Umwelt verwandeln. Hierbei wird sich zeigen, daß eine Theorie der sozialökonomischen Prozesse der Marktwirtschaft ebenso entspricht wie die Kreislauftheorie der (ursprünglichen) Konzeption der staatlichen Planwirtschaft, in der es (in der Theorie) weder Anpassungs- noch Entwicklungsprozesse gibt.

Die Theorie der sozialökonomischen Prozesse, zu der nicht zuletzt die Theorie des Leistungswettbewerbs gehört, unterscheidet sich von der traditionellen Kreislauftheorie zunächst dadurch, daß der Verlauf sozialökonomischer Prozesse nicht durch Gleichgewichtspreise bestimmt, sondern *durch prozessuale Preise gesteuert* wird, deren Höhe von dem jeweiligen Verhältnis von Angebot und Nachfrage abhängt, also durch die an einem Bedarfsmarkt jeweils bestehende Knappheit bestimmt wird. Diese *Knappheitspreise* sind die Ursache dafür, daß in sozialökonomischen Prozessen prozessuale Gewinne und Verluste auftreten, welche Netto- und Desinvestitionen veranlassen und damit Anpassungsvorgänge auslösen. Angebot und Nachfrage sind dabei ebenso wie die Knappheitspreise keine mechanisch vorgegebenen Größen, sondern werden (mehr oder minder weitgehend) durch die *Politik* der Unternehmen und Haushalte beeinflußt.

In sozialökonomischen Prozessen — und dies gilt insbesondere für die Gestaltung der Wirtschaft durch menschliche Kreativität — sind auch Märkte und Waren nicht „gegeben" wie in den Modellwelten von Jevons, Menger und Walras. Märkte werden geboren, wie im Jahr 1886 der von Daimler und Benz begründete Automobilmarkt, und sterben ab, wie der Markt für Postkutschen, wenn das fragliche Gut durch bessere Produkte, wie die Eisenbahn, verdrängt wird. Aus dem gleichen Grund sind Waren nicht a priori vorhanden. Die meisten Güter, die heute in den Geschäften verkauft werden, waren noch vor hundert

3. Prozesse sind neben Gleichgewichtslagen Gegenstand der Theorie 27

Jahren unbekannt oder werden wenigstens, wie Hammer und Sichel, durch rationellere Produktionsverfahren hergestellt. Mit der wirtschaftlichen Entwicklung der letzten zweihundertfünfzig Jahre haben sich die ökonomisch relevanten Bedürfnisse und mit ihnen die Arten des sozioökonomischen Bedarfs geändert. Das Bedürfnis nach einem Auto war vor hundert Jahren ebenso wenig existent wie der Bedarf an Fernsehapparaten oder an elektrischen Haushaltsgeräten.

Dank seiner Kreativität ist der Mensch auch in der Lage, die Produktion der Güter zu gestalten. Die Apparaturen, mit denen Güter zur Zeit von Adam Smith hergestellt worden sind, haben heute nur noch Museumswert. Wie die Produkte und die Produktionsmethoden entwickeln sich die Investitionen. Die Investitionen, die zur Zeit von Alfred Krupp oder Henry Ford, sr., getätigt wurden, unterscheiden sich von den Investitionen, die Daimler-Benz, Nixdorf oder IBM in unseren Tagen vornehmen, wie Tag und Nacht. Gleichzeitig hat die Kreation immer leistungsfähigerer Investitionsgüter jenen Anstieg der durchschnittlichen Realeinkommen ermöglicht, der nicht zuletzt nach dem Ersten Weltkrieg in Nordamerika und nach dem Zweiten Weltkrieg in Europa und Japan zu beobachten gewesen ist.

In sozialökonomischen Prozessen bezieht der Mensch bei seinen Entscheidungen die künftige Entwicklung ein, die er nicht kennt, sondern die er nur vermuten kann. Erwartet er z. B., daß neue Automodelle herauskommen oder umweltfreundlichere Ausführungen niedriger besteuert werden, so stellt er seine Einkäufe vorerst zurück. Sozialökonomische Prozesse werden daher nicht nur durch die in der Vergangenheit gemachten Erfahrungen, sondern auch durch die auf die Zukunft gerichteten Erwartungen beeinflußt.

In sozialökonomischen Prozessen ändern sich nicht zuletzt die (theoretischen) „Gleichgewichtslagen". In einer stationären Modellwelt, wie sie Adam Smith unterstellt, oszilliert der Marktpreis — und damit der Knappheitspreis — um *den* Gleichgewichtspreis, den Smith denn auch als „natürlichen Preis" bezeichnet. In sozialökonomischen Prozessen, wie sie sich in der marktwirtschaftlichen Realität abspielen, gibt es *„den"* natürlichen Preis nicht. Der theoretische Gleichgewichtspreis verändert sich zum einen im Verlauf von Anpassungsprozessen, wenn z. B. die Betriebsgrößen oder deren Ausbringung variieren oder wenn die Nachfrager andere Qualitäten als bisher bevorzugen, in dem sie etwa von inferioren zu superioren Gütern übergehen. Theoretische Gleichgewichtspreise bewegen sich zum anderen im Verlauf von Entwicklungsprozessen, wenn herkömmliche Produkte durch leistungsfähigere Herstellungsverfahren produziert oder neue Produkte und Produktqualitäten kreiert werden, welche die Nachfrage nach herkömmlichen Waren schrumpfen lassen. *In der Realität bleiben weder die „gesellschaftlich notwendigen Kosten" noch die „Gleichgewichtslagen" konstant, denen die Prozesse zustreben.*

In einer Welt, in der Angebot und Nachfrage unausgesetzten Veränderungen unterworfen sind, weil neue Märkte entstehen und alte Märkte untergehen, und sich mit dem Angebot an Novitäten die ökonomisch relevanten Bedürfnisse und Wertungen wandeln, ist die Feststellung realer Gleichgewichtspreise faktisch unmöglich. *In einer Realität, in der alles vergänglich und damit relativ ist, kann ein Gleichgewichtspreis nicht mehr als ein theoretisches Hilfsmittel sein — ein Kunstprodukt menschlichen Geistes —* ähnlich wie das in Sèvres aufbewahrte Metermaß, das allerdings im Gegensatz zum theoretischen Gleichgewichtspreis als konstant definiert ist.

In sozialökonomischen Prozessen gibt es ferner nichts, was unendlich, unbegrenzt oder vollkommen ist. Sozialökonomische Prozesse werden durch die schöpferischen Fähigkeiten des Menschen, aber auch durch seine Anpassungsfähigkeit und nicht zuletzt durch seine Unzulänglichkeit geprägt. In ihnen ist daher alles endlich, begrenzt und unvollkommen.

Sozialökonomische Prozesse entsprechen endlich auch nicht dem von *Ragnar Frisch* geprägten Begriff der Dynamik[24], nach dem Erscheinungen dann als „dynamisch" gelten sollen, wenn sich — wie *Erich Schneider* formuliert, „die Werte der relativen Variablen ... nicht sämtlich auf den gleichen Zeitpunkt bzw. auf die gleiche Periode beziehen"[25]. Unterschiede in der Zeit reichen jedoch allein nicht aus, um Gleichgewichtslagen in prozessuale Phänomene zu verwandeln. *In einer Prozeßanalyse sind andere Erscheinungen aktuell als im Gleichgewicht.* Im Verlauf von Prozessen verändert sich nicht nur die Zeit, sondern wandeln sich auch die ökonomisch relevanten Größen und Zusammenhänge. In ihr sind Preise keine Gleichgewichtspreise, die durch die Kosten bestimmt werden, sondern Marktpreise, die sich mit der Knappheit ändern (und Prozesse in Richtung neuer Gleichgewichtslagen tendieren lassen). Sicherlich ist es zutreffend, daß im Gleichgewicht — und damit in the long run — die Kosten der Knappheit entsprechen. Dies ist ebenso zutreffend, wie die Tatsache, daß wir alle in the long run tot sein werden. In der lebendigen Wirtschaft, in der sich Anpassungs- und Entwicklungsprozesse vollziehen, fallen jedoch immer wieder

---

[24] *Frisch* (1933). Ebenso haben Brems Begriffe „halbdynamisch" oder „völlig dynamisch" mit Prozeßtheorie nichts zu tun. Vgl. *Brems* (1980, S. 23 ff. und S. 37 ff.). Das gleiche gilt für die Ungleichgewichtstheorie, vgl. oben Fußnoten 17 und 23.

[25] *Schneider* (1959, S. 23).

3. Prozesse sind neben Gleichgewichtslagen Gegenstand der Theorie

Knappheit und Kosten auseinander und nur, weil dem so ist, tendieren die Preise zu den Kosten und erhalten die Unternehmen jene Incentives, die sie veranlassen, neue Produkte und leistungsfähigere Produktionsverfahren zu kreieren.

Eine Gegenüberstellung der Unterschiede von Gleichgewichts- und sozialökonomischer Prozeßtheorie gibt *Tafel 1*.

Tafel 1: Gleichgewichtstheorie und Prozeßtheorie: eine Gegenüberstellung

Die Theorie der sozialökonomischen Prozesse unterscheidet sich von der traditionellen Kreislauftheorie nicht zuletzt dadurch, daß

1. die Preise nicht durch Kosten, sondern durch Knappheit bestimmt werden,

2. prozessuale Gewinne und Verluste auftreten,

3. neue Produkte und Produktqualitäten kreiert werden,

4. neue Märkte entstehen und alte Märkte schrumpfen bzw. untergehen,

5. herkömmliche Produktionsmethoden durch die Entwicklung leistungsfähigerer Herstellungsverfahren verdrängt werden, welche entweder die Qualität der Produkte oder die Produktivität resp. beides erhöhen,

6. Investitionen sich demgemäß nicht auf Ersatz oder Erweiterung bzw. Verkleinerung alter Anlagen beschränken, sondern auch oder primär der Entwicklung neuer Produkte und leistungsfähigerer Produktionsverfahren dienen,

7. individuelle Bedürfnisse wie die sozialökonomisch relevanten Arten des Bedarfs keine Konstanten sind, sondern sich mit neuen Produkten und dem — produktivitätsbedingten — Anstieg der Realeinkommen entwickeln, und

8. *Wirtschafter nicht nach mathematischen Formeln reagieren, sondern Entscheidungen treffen*, die auf Überlegungen und Prognosen beruhen und daher Erfahrungen aus der Vergangenheit und Erwartungen im Hinblick auf die Zukunft in das Kalkül einbeziehen, woraus sich zugleich ergibt, daß sich während des Verlaufs sozialökonomischer Prozesse kein Gleichgewicht von Angebot und Nachfrage ergibt.

> The problem of human life is less than preconceived results, than finding out the results of actions and acquiring 'better' wants.
>
> Frank H. Knight

4. Anpassungs- und Entwicklungsinvestitionen beeinflussen Angebot und Nachfrage

Geht man wie klassische und neoklassische Ökonomen davon aus, daß stets die gleichen Waren in der gleichen Weise hergestellt werden, so hat ein Unternehmen nichts anderes zu tun, als Arbeitskräfte anzuheuern und diese für sich arbeiten zu lassen. Alles übrige (einschließlich von Produktion und Absatz) regelt sich von allein. So erschöpft sich denn auch nach *Adam Smith* die Tätigkeit eines Unternehmers darin, Geldkapital anzusammeln, um „fleißigen Personen Arbeit zu geben und sie mit Material und Lebensmitteln zu versorgen"[26]. Ebenso unterstellt selbst noch die neoklassische Marktformenlehre, daß Unternehmen Produkte und Produktionsverfahren ebenso wie die Nachfrage nach ihren Erzeugnissen als gegeben vorfinden.

Die Aufgaben, welche die Unternehmen für Anpassung und Entwicklung von Angebot (und Nachfrage) erfüllen, bleiben dann ebenso außer Betracht wie Novitäts- und Rationalisierungsinvestitionen, ohne die es keine wirtschaftliche Entwicklung gibt. In der Tat finden sich in einem Wirtschaftskreislauf, in dem Produkte, Produktionsverfahren und Bedarf konstant bleiben, lediglich Reinvestitionen, die ausschließlich verbrauchsbedingt sind. So besteht denn auch bei *Hicks'* Wachstumspfad[27] als einzige Möglichkeit eines Unternehmens, zu desinvestieren, die Unterlassung verbrauchsbedingter Investitionen, während er unter (positiven) Investitionen ausschließlich Erweiterungsinvestitionen versteht. — Welche Trugschlüsse sich ergeben, wenn man die Kreislaufbetrachtung auf die Realität überträgt, zeigt auch das Aprilgutachten der deutschen Monopolkommission von 1985, das den Herstellern von Konsumgütern außer der „marktüblichen Verzinsung" nur Ersatzinvestitionen zubilligt und Überkapazitäten in der Markenartikelindustrie durch Unterlassung von Reinvestitionen „einschränken will"[28]. Kreative

---

[26] *Smith* (1776, 1. Buch, 6. Kapitel).
[27] *Hicks* (1964, S. 51), hierzu kritisch meine Bücher (1979, S. 108 ff., und 1984 a, S. 95 ff.).
[28] Vgl. *Monopolkommission* (1985, Ziffer 158), hierzu kritisch *Arndt* (1985 a, S. 49 ff.).

4. Einfluß von Anpassungs- und Entwicklungsinvestitionen

Investitionen als Mittel des Wettbewerbs und damit zugleich als Ursache der wirtschaftlichen Entwicklung gibt es in der Tat nicht, wenn man — nach dem Kreislaufkonzept — Produkte und Produktionsverfahren als „gegeben" unterstellt. Wie jedoch ein Unternehmen, das ausschließlich Ersatzinvestitionen tätigt, am Weltmarkt konkurrenzfähig bleiben soll, wenn Unternehmen anderer Länder bessere und billigere Produkte auf den Markt bringen — diese Frage hat sich die deutsche Monopolkommission ebenso wenig wie Hicks gestellt.

In *sozialökonomischen Prozessen* sind freilich Investitionen nicht auf verbrauchsbedingte Ersatzinvestitionen beschränkt. In ihnen gibt es *prozessuale Investitionen,* bei denen zwischen Anpassungs- und Entwicklungsinvestitionen zu unterscheiden ist.

Anpassungsinvestitionen treten bei Schwankungen der Nachfrage oder des Angebots auf (auch wenn Produkte und Produktionsverfahren unverändert gegeben sind). Bei steigender Nachfrage resp. „wachsenden Märkten" werden Erweiterungsinvestitionen erforderlich. Sie werden bei freier Preisbildung dadurch initiiert, daß die Marktpreise über die (theoretischen) „Gleichgewichtspreise" steigen und Gewinne entstehen. Bei sinkender Nachfrage resp. bei schrumpfender Wirtschaft werden umgekehrt Anlagen überflüssig. Die Marktpreise fallen daher unter die (theoretischen) „Gleichgewichtspreise", was die Unternehmen zu Produktionseinschränkungen veranlaßt. Verbrauchte Maschinen werden nicht mehr ersetzt (*verbrauchsbedingte* Desinvestition) und noch verbrauchsfähige Automaten vorzeitig verschrottet (*absatzbedingte* Desinvestition). Gleichzeitig entwertet sich das in den noch verbleibenden Anlagen steckende Geldkapital, so daß insofern *„wertbedingte* Desinvestitionen" auftreten. So sank der Wert von Produktionsanlagen während der Weltwirtschaftskrise der Dreißiger Jahre auf einen Bruchteil dessen, was in normalen Geschäftszeiten für sie bezahlt worden wäre. Ein vier Jahre alter weißer Rolls Royce war 1932 für RM 150,— erhältlich.

Entwicklungsinvestitionen[29] sind das Ergebnis menschlicher Kreativität und damit ein Mittel der Wirtschaftsgestaltung. Sie werden von der Erwartung der Unternehmen angeregt, mit ihrer Hilfe Preise zu erzielen, die weit oberhalb der Stückkosten liegen. Dabei ist zwischen zwei Arten von Entwicklungsinvestitionen zu unterscheiden:

---

[29] *Arndt* (1984 b, 3. Kap., insb. S. 35 ff., und 1985 b, S. 835 ff.); s. auch Spenglers Unterscheidung von „product-adding innovations" und „product-replacing innovations" (*Spengler* 1957, S. 249 ff.) sowie hierzu *Stoikov* (1963, S. 138 ff.) und *Wulff* (1985, S. 138 f.). Erfindungen sind kein ökonomischer Tatbestand, wohl aber Entwicklungsinvestitionen sowie neue Produkte und Produktqualitäten u. dgl. Vgl. aber *J. Robinson* (1937/1938, S. 139 ff.), *Röpke* (1977, S. 83 ff.). — Unter dem Einfluß der Gleichgewichtstheorie übersehen Ökono-

1. den *Novitätsinvestitionen*, die neue Produkte und Produktqualitäten, insbesondere neue und bessere Konsumgüter produktionsreif machen (und bei den Nachfragern zusätzlichen Bedarf wecken), und

2. den *Rationalisierungsinvestitionen*, welche die Produktivität erhöhen und dadurch die Kosten senken (soweit nicht die Löhne steigen).

Die Novitätsinvestitionen verbessern die qualitative Bedarfsdeckung und wecken neue Bedürfnisse, während die Rationalisierungsinvestitionen die Realeinkommen erhöhen und damit die Voraussetzungen dafür schaffen, daß die neuen und besseren Produkte gekauft werden. Wer daher schlechthin von „technischem Fortschritt" spricht, verkennt die *unterschiedlichen ökonomischen Wirkungen*, die von Novitäten einerseits und Rationalisierung andererseits ausgehen.[30]

Das Auftreten von Entwicklungsinvestitionen läßt sich auf zweierlei Weise vorstellen. Nach Schumpeter stoßen schöpferische Unternehmer vor, denen dann nach Ablauf einiger Zeit andere Firmen, die Nachahmer, folgen[31]. Dies trifft z. B. zu, wenn ein Unternehmen einen gänzlich neuen Markt begründet, auf dem dann erst durch das Auftreten der Nachahmer ein Wettbewerb entsteht. So begründen Benz und Daimler einen Automobilmarkt, bevor andere Autofirmen auf den Plan treten. In der Realität findet sich weitaus häufiger eine andere Version. Am Markt existieren bereits mehrere Firmen, die miteinander konkurrieren. Um ihre Positionen zu verbessern — und um nicht über kurz oder lang auszuscheiden —, versucht jedes Unternehmen, sich durch Verbesserung und Verbilligung seiner Produkte im Wettbewerb zu behaupten. Sie verhindern damit den Verlust von Kunden und können, wenn sie mit ihrer Strategie Erfolg haben, ihren Konkurrenten sogar

---

men, daß sich die *Nachfrage* durch die Kreation neuer (ökonomischer) Bedürfnisse und Bedarfsarten *entwickelt*. Sie identifizieren daher unzulässigerweise „technischen Fortschritt" mit Rationalisierung und „Wachstum" mit Vergrößerung. Mit der wirtschaftlichen Entwicklung entwickelt sich jedoch auch die Nachfrage: *Ohne die Kreation von Kühlschränken und Waschautomaten wäre die Nachfrage nach diesen Produkten überhaupt nicht existent.* Vgl. aber *Gahlen* (1978, S. 313), *Rothschild* (1979 S. 171 ff.), *Tuchtfeld* (1983, S. 182 ff.), *Rüstow* (1984, S. 45 f., S. 60), *Engels* (1985, S. 160), *Riese* (1986, S. 273 ff.) und viele andere.

[30] *Blum* (1985, insb. S. 15 ff.), *Dürr* (1985, S. 94); vgl. aber *Vernon* (1966, S. 190 ff.), *Becks* (1985, S. 81 f.), *Dollar* (1986, S. 177 f.). — Zum Unterschied von Nachfrage- und Produktivitätseffekt, s. unten S. 51, 63 sowie 91.

[31] *Schumpeter* (1912, S. 88 ff., insb. S. 99 ff.), der jedoch den Entwicklungsbegriff anders definiert und weder zwischen Leistungs- und Machtmonopolen noch zwischen Novitäts- und Rationalisierungseffekt unterscheidet. Nach Schumpeter gehört auch die „Vertrustung" und damit die Begründung permanenter Machtmonopole zur wirtschaftlichen Entwicklung (ebenda, S. 101). Vgl. auch *Kirzner* (1979, insb. 7. Kapitel) sowie *Perroux* (1965 mit einem Appendix „Principaux Ouvrages de Joseph Schumpeter"); zu Innovationen s. vor allem auch *Scherer* (1984) sowie *Schmookler* (1966).

4. Einfluß von Anpassungs- und Entwicklungsinvestionen

Kunden abnehmen. Es entsteht hier infolgedessen ein *fortgesetzter Entwicklungs- oder Gestaltungsprozeß*, wie wir ihn heute beispielsweise am Weltautomobilmarkt beobachten können. Jedes Jahr werden von zahlreichen Autoproduzenten neue Modelle mit veränderten Formen und verbesserten Leistungen offeriert. Eine Automobilfirma, die sich diesem Entwicklungswettbewerb nicht anschließt, wäre binnen kurzer Zeit vom Markt verschwunden.

Wie die wirtschaftliche Anpassung in Zeiten der Depression „wertbedingte Desinvestitionen" hervorbringt, die nicht physischer, sondern ökonomischer Natur sind, so ergeben sich als eine Folge der Wirtschaftsgestaltung die „technisch bedingten Desinvestitionen". Wenn von Unternehmen neue Maschinen eingesetzt werden, die billiger arbeiten oder qualitativ bessere Produkte produzieren, so bleibt ihren Konkurrenten — ohne Rücksicht auf Alter oder physische Beschaffenheit ihrer Anlagen — kaum etwas anderes übrig, als ebenfalls diese leistungsfähigeren Maschinen einzusetzen, um nicht ins Hintertreffen zu geraten oder sogar auszuscheiden. Die veralteten Maschinen können dann in der Regel nur noch verschrottet werden. Der gleiche Effekt tritt auf, wenn herkömmliche Waren (z. B. Schwarz-Weiß-Fernseher) weniger gefragt sind, weil es bessere Produkte (z. B. Farbfernseher) gibt. Die Gestaltung der Wirtschaft ist in beiden Fällen die Ursache dafür, daß Anlagen ebenso wie Produkte, die zu Ladenhütern geworden sind, vorzeitig abgeschrieben werden müssen.

Sieht man von den verbrauchsbedingten Ersatzinvestitionen ab, die auch in einem Kreislauf vorkommen, in dem Produkte wie Produktionsverfahren gegeben sind und der Bedarf konstant bleibt, so ergeben sich die in *Tafel 2* aufgeführten Investitionen.

Tafel 2: Investitionen in sozialökonomischen Prozessen

I. Die Anpassungsinvestitionen,

die sich beobachten lassen, wenn zwar (noch) Produkte und Produktionsmethoden gleichbleiben, aber die Nachfrage schwankt:

a) *Erweiterungsinvestitionen,*

welche die Produktionskapazität entsprechend der gestiegenen Nachfrage erhöhen;

b) *Desinvestitionen,*

welche die Produktionskapazitäten der verringerten Nachfrage anpassen.

34   I. Teil: Gestaltung der Wirtschaft durch ökonomische Prozesse

II. Die Gestaltungsinvestitionen,

die neue und bessere Produkte sowie leistungsfähigere Produktionsverfahren entstehen lassen und den Verbrauchern neue Bedürfnisse anerziehen, so daß sich zusätzlicher Bedarf entwickelt:

a) Novitätsinvestitionen,

denen die Menschheit neue und bessere Produkte verdankt und die zugleich mit den Bedürfnissen den Bedarf verändern;

b) Rationalisierungsinvestitionen,

welche die Produktivität und die (durchschnittlichen) Realeinkommen erhöhen, weil sie die Produktionskosten senken.

Außerdem treten jene zusätzlichen Desinvestitionen auf, die teils durch das „obsolet-werden" alter Anlagen und teils infolge der Abwanderung der Nachfrage zu neuen Märkten entstehen.

Ob und in welchem Umfang die Unternehmen die Wirtschaft durch neue und bessere Produkte und leistungsfähigere Produktionsmethoden gestalten, hängt von den staatlichen Rahmenbedingungen einschließlich der vom Staat gesetzten Wirtschaftsordnung ab. In Marktwirtschaften vollzieht sich die Entwicklung weit schneller als in Staatswirtschaften, die zudem bei der Gestaltung von Konsumgütern vornehmlich auf die Imitation marktwirtschaftlicher Errungenschaften angewiesen sind.

5. Märkte entwickeln sich ebenso wie Produktion und Bedarf

Märkte sind nicht mit dem Menschen auf die Welt gekommen. Ihr Entstehen setzt dreierlei voraus:

1. Die Existenz eines allgemeinen Tauschmittels, das man als Geld bezeichnet,
2. das Auftreten von Geschäftsbeziehungen, die sich aus Tauschakten zusammensetzen und
3. die Kreation von Konsum- und Kapitalgütern, die einen vorhandenen Bedarf befriedigen oder einen neuen Bedarf wecken.

Ohne Geld gibt es keine Märkte, an denen sich für ein Gut relativ einheitliche Preise bilden. Solange ein allgemeines Tauschmittel fehlt, vollzieht sich der Handel in Form von isolierten Kompensationsgeschäften. Will man z. B. Tuch abgeben und dafür Wein einhandeln, so muß man suchen, bis man einen Partner findet, der an einer solchen Transaktion interessiert ist. Dies ist eine mühsame Angelegenheit und hat zur Folge, daß Kompensationsgeschäfte bereits bei Erzielung „komparativer Vorteile" lohnend werden: Obschon Wein anderswo „billiger" ist, kann unser Freund hiervon keinen Gebrauch machen, weil die Anbieter billigeren Weins am Erwerb von Tuch nicht interessiert sind. Dies ändert sich mit der Kreation des Geldes. Wer über Geld verfügt, kann stets den „absoluten Vorteil" realisieren, weil sich mit Geld stets die Ware dort kaufen läßt, wo sie am billigsten ist. Erst mit der Kreation eines allgemeinen Tauschmittels wird die Entstehung von Märkten möglich, an denen sich Preise für ein Gut bilden, was bei Kompensationsgeschäften nicht möglich ist. Solange Tuch gegen Wein getauscht wird, gibt es noch keine Tuch- und Weinmärkte. *Mit der Einführung des Geldes zerfällt jedoch der Naturaltausch in zwei Kaufakte:* in den *Kauf* von Tuch am Tuchmarkt und den *Kauf* von Wein am Weinmarkt. Die Geburt von Märkten, an denen Güter gekauft werden können, setzt daher die Entstehung des Geldes voraus.

Der Markt ist eine soziale Institution, für den weniger isolierte Tauschakte als in der Zeit entstandene (und anhaltende) Geschäftsbeziehungen charakteristisch sind. Sicherlich kommt es vor, daß jemand ein Päckchen Zigaretten in einem Laden kauft, den er niemals zuvor betreten hat und vielleicht auch in Zukunft kein zweites Mal betreten wird. Sozialökonomisch relevanter sind Geschäftsverbindungen, wie sie zwischen einem Warenhaus und seinen Lieferanten oder zwischen einem Automobilproduzenten wie Daimler-Benz und seinen Zulieferern bestehen und bei denen sich die Partner mehr oder minder aufeinander eingestellt resp. aufeinander abgestimmt haben. Der *Markt als soziale Institution* kann daher auch niemals ein „Punktmarkt" (von Stackelberg) sein, in dem zeit- und raumlos sachlich unterschiedslose Waren von unpersönlichen Robotern getauscht werden. Er ist vielmehr *ein in Zeit und Raum eingebettetes Phänomen, das entsteht und mitunter auch untergeht und der Befriedigung eines bestimmten sozialen Bedarfs dient, der sich aus individuellen und damit unterschiedlichen Bedürfnissen der Nachfrager zusammensetzt (Bedarfsmarkt)*[32].

Die Nachfrage nach dem Bedarfsgut Auto ist ebenso differenziert wie die gesellschaftliche Nachfrage nach dem Bedarfsgut Brot, das in Bäckereien oder Selbstbedienungsläden erhältlich ist. Ein Schuhmarkt, an dem nur Schuhe einer Größe, einer Farbe und einer Form angeboten werden, erfüllt ebenso wenig seinen sozialökonomischen Zweck, wie ein „Markt", an dem nur Bleche von einer Größe, Stärke und Qualität — und dies außerdem nur in einem einzigen Augenblick — gehandelt werden. Märkte als gesellschaftliche Institution sind stets Bedarfsmärkte, an denen es entsprechend den individuell verschiedenen Bedürfnissen differenzierte Güter gibt, die nur insofern gleichartig sind, als sie dem gleichen volkswirtschaftlichen Bedarf dienen *(Bedarfshomogenität)*. Außerdem ist die gesellschaftliche Nachfrage nicht auf Haushalte beschränkt. Sie wird ebenfalls, wie die Nachfrage nach Blechen, von Unternehmen ausgeübt. Wie jeder Fabrikant seine Vorprodukte, so muß jedes Einzelhandelsgeschäft, jeder Supermarkt und jedes Kaufhaus erst die Konsumgüter nachfragen, bevor es sie an seine Kunden verkaufen kann[33].

Das Entstehen von Märkten setzt die Entstehung von ökonomischen Gütern voraus. Physische Güter, wie der Apfel, den Eva im Paradies pflückt, gibt es auch ohne Markt. Zu ökonomischen Gütern aber werden Äpfel erst, wenn sie an einem Markt gehandelt werden, an dem man für sie Preise zahlt.

Weil Märkte von Menschen geschaffen werden, haben sie ebenso wie diese ein Schicksal. Sie wachsen, wenn ihre Produkte mehr begehrt

---

[32] Zum Begriff des Bedarfsmarktes als eines gesellschaftlichen Phänomens s. *Arndt* (1958, S. 217 ff., 362 ff. und 434 ff., insb. S. 223 ff., 364 ff., 376 ff., 444 ff., 457 ff.). — Bedarfsmärkte wie die Märkte für Autos, Motorboote, Waschautomaten sind *gesellschaftliche* Phänomene und lassen sich nicht aus individuellen „Grundbedürfnissen" (*Abbott* 1958, S. 96; ebenso *Bartling* u. a.) ableiten. Bedarf ist ein ökonomischer und Grundbedürfnisse ein biologischer Begriff.
[33] Hierzu eingehender *Arndt* (1979, S. 24 ff., und 1984 a, S. 28 ff.).

5. Märkte entwickeln sich ebenso wie Produktion und Bedarf

werden, und sie schrumpfen, wenn sich die Menschen anderen Waren zuwenden. Sobald das Fernsehen das Theater ins Haus bringt, geht die Nachfrage nach Kinoplätzen zurück. Und sobald elektrische Glühbirnen angeboten werden, verringert sich die Nachfrage nach Glasglühstrümpfen.

Mit den Märkten entwickeln sich Produktion und Bedarf. Die Produktion entwickelt sich, weil Novitätsinvestitionen die Herstellung neuer Produkte und Produktqualitäten ermöglichen und weil Rationalisierungsinvestitionen die Herstellung bereits vorhandener Güter verbilligen (resp. die Löhne erhöhen). Das Angebot an Waren vermehrt sich somit im Ablauf der Zeit sowohl qualitativ wie quantitativ, solange Unruhen und Kriege die wirtschaftliche Entwicklung nicht stören. Der Bedarf entwickelt sich ebenfalls — und zwar aus zwei Gründen: Auf der einen Seite werden durch neue Produkte und Produktqualitäten neue Bedürfnisse geweckt. Sobald Farbfernseher erhältlich werden, ist man mit den Schwarz-Weiß-Apparaten nicht mehr zufrieden. Auf der anderen Seite wachsen mit der Produktivitätsentwicklung die (durchschnittlichen) Realeinkommen, so daß im Zeitablauf immer mehr Haushalte in die Lage kommen, einen Fernsehapparat oder ein Auto zu erwerben[34]. Man vergleiche nur die Zahl der Fernsehapparate in den Jahren 1960 und 1980 oder den Bestand an Autos in den Jahren 1910 und 1970, wobei man überdies feststellen wird, daß diese Produkte nicht nur immer besser und komfortabler wurden, sondern auch daß die Entwicklung in Marktwirtschaften erheblich schneller verläuft als in Staatswirtschaften wie der Sowjetunion.

Die Gestaltung der Wirtschaft wirkt somit in zwei Richtungen[35]. Sie erhöht zum einen den potentiellen Bedarf, indem sie uns immer wieder neue Bedürfnisse anerzieht, und sie erhöht andererseits mit der Produktivität unsere Kaufkraft, so daß, zumindest wenn die Volkswirtschaft nicht fehlgesteuert wird, die effektive Nachfrage im Gleichklang mit dem Angebot an Gütern wächst.

Fehlt es freilich an der Kreation neuer Konsumgüter, weil die Unternehmen ihre Novitätsinvestitionen gegenüber ihren Rationalisierungsinvestitionen zurückstellen, so entwickelt sich die Nachfrage langsamer als das (potentielle) Angebot und es entsteht Arbeitslosigkeit.[36] Der gleiche

---

[34] Wobei mit Autos, Flugzeugen, Motorbooten, Ölheizungen, aber auch Elektrizitätswerken Umweltprobleme hervorgerufen wurden. Den Menschen geht es hier ähnlich wie Goethes Zauberlehrling: Sie können die Entwicklung nicht rückgängig machen, selbst wenn sie es wollten. Aber sie können und sollten weitaus mehr dafür tun, daß sie umweltfreundlicher verläuft.

[35] Wenn man von der Umweltproblematik absieht, die besondere Aufgaben (Gestaltungsaufgaben) stellt.

[36] Vgl. hierzu *Arndt* (1984 b, S. 32 ff. und S. 88 ff. sowie unten Teil III).

Effekt tritt auf, wenn die Realeinkommen der Arbeiter trotz Wachstums der Produktivität gleichbleiben resp. infolge eines staatlichen Verbots von Gewerkschaften auf das Existenzminimum absinken. In diesem Fall ist Ursache der Unterbeschäftigung, daß es der Masse der Bevölkerung an Kaufkraft fehlt, um den auf sie entfallenden Anteil am Wachstum des Sozialprodukts voll zu erwerben. Im ersten Fall ist die Arbeitslosigkeit primär ein Gestaltungs- und im zweiten Fall primär ein Verteilungsproblem. Diese Überlegung zeigt zugleich, daß die Gestaltung der Wirtschaft nicht unabhängig von der Verteilung des Sozialprodukts ist.

6. Preise und Gewinne üben nur in sozialökonomischen Prozessen volkswirtschaftliche Funktionen aus

Im Gleichgewicht, in dem Angebot und Nachfrage gegeben sind und stets die gleichen Produkte mit den gleichen Verfahren hergestellt werden, sind Preise wie Gewinne funktionslos. Gleichgewichtspreise werden durch die Kosten bestimmt. Gleichgewichtsgewinne sind nach der neoklassischen Theorie das Ergebnis eines mechanischen Vorganges, auf den die Unternehmer keinen Einfluß haben, weshalb Erich Schneider den Unternehmergewinn als „Residuum" bezeichnet.

a) Volkswirtschaftliche Funktionen von Preisen und Gewinnen (sowie Verlusten) bei Nachfrageschwankungen[37]

In sozialökonomischen Prozessen werden prozessuale Knappheitspreise aktuell, bei denen nicht mehr die Höhe der Kosten, sondern der jeweilige Grad der Knappheit über die Höhe des Preises entscheidet. Je nachdem, ob die prozessualen Knappheitspreise über die „theoretischen Gleichgewichtspreise" steigen oder unter sie fallen, entstehen prozessuale Knappheitsgewinne oder Verluste.

An *schrumpfenden Märkten wie bei Käufermärkten* entstehen Verluste bei jenen Unternehmen, deren Stückkosten jetzt nicht mehr durch die Marktpreise gedeckt werden. An Bedarfsmärkten, an denen unterschiedliche Qualitäten gehandelt werden, muß dies nicht notwendigerweise der bisherige „Grenzproduzent" sein, wie dies die Kreislauftheorie lehrt. Geht z. B. die Nachfrage infolge rückläufiger Realeinkommen zurück, so wenden sich mehr Käufer als bisher inferioren Gütern zu, während primär Produzenten superiorer Güter unter dem Absatzrückgang leiden. Der bisherige Grenzanbieter, bietet er inferiore Güter an, kann daher jetzt in die Gewinnzone kommen, während Unternehmen, die bisher Differentialrenten bezogen, weil sie superiore Güter offerieren, nun Verluste machen oder u. U. sogar zum Ausscheiden gezwungen werden. In jedem Fall entstehen an schrumpfenden Märkten Verluste, durch welche die hiervon betroffenen Unternehmen gezwungen werden, ihre Produktion zu reduzieren und, falls dies nicht ausreicht, Desinvestitionen vorzunehmen, die das Angebot der gesunkenen Nachfrage anpassen.

---

[37] Diese Überlegungen gelten analog für Angebotsschwankungen.

An *wachsenden Märkten wie an Verkäufermärkten* erzielen alle Unternehmen — einschließlich des „Grenzproduzenten" — prozessuale Gewinne, welche zu Erweiterungsinvestitionen anregen. Ohne diese prozessualen Gewinne[38], allein durch Fremdfinanzierung, sind diese Nettoinvestitionen kaum oder garnicht finanzierbar. Außerdem bilden diese Gewinne ein Äquivalent zu den Verlusten, welche Unternehmen an schrumpfenden Märkten oder im Fall von Käufermärkten erleiden.

Bei Anpassungsvorgängen sind somit die Preise nicht mehr funktionslos. Sie verursachen an schrumpfenden Märkten Verluste und an wachsenden Märkten Gewinne und führen damit über Desinvestitionen und Erweiterungsinvestitionen eine Anpassung des Angebots an die Nachfrage herbei. Es wäre allerdings verfehlt, diese Anpassung für einen rein mechanischen Vorgang zu halten. Nicht nur der Staat kann sie beeinflussen, auch die Unternehmen sind in der Lage, sich auf Nachfrageschwankungen durch Bildung von Reserven, Lagerhaltung, Diversifizierung oder auch rechtzeitige Umstellung ihrer Produktion auf andere Produkte vorzubereiten. Außerdem spielen (Erfahrungen und vor allem) Erwartungen für die Entscheidungen der Unternehmen wie der Haushalte eine Rolle. So steigen z. B. die Marktpreise über die Knappheitspreise, wenn die Wirtschafter Käufe vorziehen, die sie sonst erst in der Zukunft getätigt hätten, weil sie von der Erwartung ausgehen, daß die Preise anziehen werden. Die Erwartungen der Wirtschafter sind es auch, die Käufermärkte in Verkäufermärkte (und umgekehrt) umschlagen lassen. Werden nämlich infolge pessimistischer Erwartungen zu viele Anlagen abgewrackt, so reicht bei einer Normalisierung der Nachfrage das Angebot nicht mehr aus. Die Richtung des Prozesses schlägt um: anstelle eines Käufermarktes wird jetzt ein Verkäufermarkt aktuell.

b) Volkswirtschaftliche Funktionen von Preisen und Gewinnen bei der Entwicklung von Angebot und Nachfrage

Die Aussicht, durch die Einführung von Neuerungen höhere Gewinne zu erzielen, regt die Unternehmen an, kreativ zu sein. So erzielen Unternehmen, die ein völlig neues Produkt erzeugen und damit einen neuen Markt begründen, einen *prozessualen Monopolgewinn*, während sich Firmen, die ihre Produkte verbessern oder leistungsfähigere Produktionstechniken einsetzen, immerhin noch (zusätzliche) *prozessuale Differentialgewinne* sichern. Dies gilt jedenfalls solange, als noch keine „Nachahmer" auftreten, die der Sonderposition kreativer Unternehmen

---

[38] Schumpeter („Ohne Entwicklung kein Unternehmergewinn") übersieht, daß auch in Anpassungsprozessen Gewinne (und Verluste) anfallen (*Schumpeter*, 1952, S. 236).

6. Prozessuale Funktionen von Preisen und Gewinnen

ein Ende machen und im sich intensivierenden Wettbewerb die prozessualen Preise zu den (im Prozeß variierenden) Kosten tendieren lassen.

Unternehmen, die kreativ sind, laufen ein besonders hohes Risiko. Niemand weiß im voraus mit Sicherheit, ob ein neues Produkt einschlägt oder ob ein neues Produktionsverfahren nicht mehr Schaden als Nutzen anrichtet. Viele Neuerungen entpuppen sich als Flops. In diesem Fall sind nicht nur die Kosten für Forschung und Entwicklung, sondern auch die Investitions- und Vertriebskosten ebenso wie die Herstellungskosten für nicht absetzbare Produkte verloren. Auch wenn die Neuerung vielversprechend ist, zeigt sich nicht selten, daß bahnbrechende Unternehmen Konkurs machen und erst ihre Nachahmer die Gewinne erzielen, wie sich jüngst wieder bei der Entstehung der Computerindustrie beobachten ließ. Ferner können, selbst wenn sich neue Produkte oder neue Modelle gut verkaufen lassen, spezifische Folgekosten entstehen, die nicht vorhersehbar sind. So stellen sich z. B. bei Automobilen serienmäßige Fehler in der Lenkung oder an den Bremsen erst nach ein oder zwei Jahren heraus, bei Flugzeugen, wie im Fall der 1984 verunglückten Boing, noch wesentlich später. Ebenso treten bei Medikamenten, wie etwa im Fall des Beruhigungsmittels Contergan, schwere Schäden erst lange Zeit nach der Marktreife des Präparates auf. Ohne die Erwartung hoher prozessualer Leistungsgewinne wären die Unternehmen daher niemals bereit, diese Risiken in Kauf zu nehmen.

Endlich üben die Knappheitspreise — und mit ihnen die prozessualen Gewinne und Verluste — auch *Lenkungsfunktionen* aus. An sich entwickelnden Märkten sind die Knappheitspreise so hoch, daß prozessuale Gewinne entstehen, und an schrumpfenden Märkten so niedrig, daß Verluste die Folge sind. Unternehmen an wachsenden Märkten sind daher bereit und in der Lage, höhere Preise und Löhne als Unternehmen an schrumpfenden Märkten zu bezahlen. Auf diese Weise werden die verfügbaren Produktionsfaktoren in zunehmendem Maße von schrumpfenden zu sich entwickelnden Märkten gelenkt und Unternehmen veranlaßt, sich aus Geschäftszweigen, in denen sie Verluste erleiden, zurückzuziehen, und sich stattdessen jenen Tätigkeiten zuzuwenden, von denen sie Gewinne erwarten. Diese Lenkungsfunktion üben Gewinne und Verluste gleichermaßen bei Entwicklungs- wie bei Anpassungsprozessen aus.

Die Überlegungen dieses Kapitels zeigen zugleich, daß Gewinne und Verluste ebenso wie die prozessualen Knappheitspreise nicht ausschließlich Resultat mechanischer Verläufe, sondern weitgehend auch Folge menschlicher Entscheidungen und damit *das Ergebnis von Unternehmenspolitik* sind. *Zwei nur dem Menschen eigentümlichen Eigenschaften*

42   I. Teil: Gestaltung der Wirtschaft durch ökonomische Prozesse

sind es, die im ökonomischen Bereich rein mechanische Verläufe wie in den Naturwissenschaften ausschließen:

1. die Fähigkeit des Menschen, sich nach Erfahrungen und Erwartungen zu richten und damit die künftige Entwicklung in seine Planung einzubeziehen und

2. die menschliche Fähigkeit, k r e a t i v zu sein und ökonomische Größen — wenn auch nur innerhalb gewisser Grenzen — nach seinen Vorstellungen zu formen.

Dank dieser Eigenschaften ist die Höhe von Gewinnen und Verlusten ebenso wie die Höhe der prozessualen Knappheitspreise durch die Wirtschafter beeinflußbar. Dies bedeutet zugleich, daß menschliche Wirtschaft nicht oder jedenfalls nicht nur ein geist- und seelenloser Kreislauf, sondern auch das *Ergebnis menschlichen Gestaltungswillens* ist. Die menschliche Vernunft und die menschliche Kreativität sind dafür verantwortlich, daß sich Sozialwissenschaften wie die Volkswirtschaftslehre von Naturwissenschaften wie Chemie oder Physik unterscheiden.

Eine Übersicht über die Funktionen, die Gewinne und Verluste in einer Volkswirtschaft ausüben, gibt *Tafel 3:*

Tafel 3: Funktionen von Gewinnen und Verlusten in sozialökonomischen Prozessen

Im Gleichgewicht sind Gewinne funktionslos und Verluste nicht vorhanden. Die volkswirtschaftlichen Funktionen von Gewinnen und Verlusten zeigen sich nur bei Anpassung und Entwicklung, d. h. nur dann, wenn Knappheitspreise an die Stelle von Gleichgewichtspreisen treten und unternehmerische Aufgaben zu lösen sind.

I. Volkswirtschaftliche Funktionen der Gewinne

A. A n p a s s u n g s f u n k t i o n e n

1. Ausgleichsfunktion für Verluste,

die an schrumpfenden Märkten resp. an Käufermärkten entstehen

2. Anpassungsfunktionen i. e. S.:

Gewinne regen bei Verkäufermärkten (oder wachsender Wirtschaft) zu Erweiterungsinvestitionen an (während Verluste Desinvestitionen und damit den Abbau überflüssiger Kapazitäten erzwingen). Ohne diese Anpassungsfunktion bleiben Unter- oder Überkapazitäten erhalten.

3. *Finanzierungsfunktion:*

Ohne das aus Gewinnen resultierende Eigenkapital — ausschließlich durch Fremdkapital — lassen sich Erweiterungsinvestitionen nicht finanzieren.

B. **Entwicklungs- resp. Gestaltungsfunktionen**

1. *Kompensationsfunktion:*

Kosten und Risiken, die mit Neuerungen verbunden sind, scheut ein Unternehmen, sofern nicht die Aussicht auf hohe, die Verlustchancen überkompensierende Gewinne besteht.

2. *Entwicklungsfunktion i. e. S.:*

Die Hoffnung auf prozessuale Leistungsgewinne (und die Furcht, bei konservativem Verhalten gegenüber Konkurrenten in Rückstand zu geraten,) regt Unternehmen zu Novitäts- und Rationalisierungsinvestitionen an.

3. *Finanzierungsfunktion:*

Die prozessualen Leistungsgewinne eines kreativen Unternehmens ermöglichen die Rückzahlung von Krediten, die für Entwicklungsinvestitionen aufgenommen wurden, und die Finanzierung der Erweiterungsinvestitionen, die auf sich entwickelnden Märkten zur Befriedigung der wachsenden Nachfrage erforderlich sind.

II. *Volkswirtschaftliche Funktionen der Verluste*

Verluste entstehen sowohl in Anpassungs- wie in Entwicklungsprozessen. In beiden Fällen sorgen sie für:

1. Verringerung der Produktion resp. der Produktionskapazitäten bei rückläufiger Nachfrage an schrumpfenden resp. sterbenden Märkten.

2. Lenkung der Unternehmen und der in ihnen eingesetzten Produktionsfaktoren von schrumpfenden zu wachsenden resp. sich entwickelnden Märkten.

Gewinne allein reichen nicht aus, um Angebot und Nachfrage in Anpassungs- und Entwicklungsprozessen aufeinander abzustimmen.

Ohne prozessuale Knappheitspreise gibt es weder Verluste noch (prozessuale) Knappheitsgewinne. Ohne die Erfüllung ihrer Funktionen ist eine Volkswirtschaft steuerlos (sofern nicht die Staatsbürokratie das Ruder übernimmt, wie dies in Staatswirtschaften wie der Sowjetunion der Fall ist). Diese Zusammenhänge werden übersehen, wenn man von dem neoklassischen Grundsatz ausgeht, „daß die Ressourcen einer Volkswirtschaft dann am effizientesten eingesetzt werden, wenn der

Preis eines jeden Gutes dessen Grenzkosten entspricht". Dieser Grundsatz, „dem die staatliche Preispolitik ... nacheifern sollte", wie *Warren C. Baum* und *Stokes M. Tolbert* von der Weltbank meinen[39], trifft jedoch nur für einen stationären Kreislauf und damit für Gleichgewichtslagen, aber weder für Anpassungsvorgänge noch für die wirtschaftliche Entwicklung zu. Auch Praktiker sind vor unzulässigen Verallgemeinerungen nicht gefeit. Denn in sozialökonomischen Prozessen werden Preise nicht durch die Grenzkosten, sondern durch die Knappheit bestimmt.

---

[39] *Baum* und *Tolbert* (1985, S. 28).

Die Ökonomen entwachsen nun endlich dem Stadium, wo sie nur Preiskonkurrenz sahen und nichts sonst.

Joseph A. Schumpeter

7. Unternehmenspolitik beschränkt sich in sozialökonomischen Prozessen nicht auf Preis- und Mengenvariationen

Die Entscheidungen, die von Unternehmensleitungen bei Schwankungen von Angebot und Nachfrage oder bei der Kreation neuer Güter zu treffen sind, beschränken sich nicht auf Preis und Menge. Wie die Unternehmen, so sind auch die Produkte und deren Absatz ebenso wenig wie die Herstellungsverfahren von Natur gegeben, sondern Ergebnis menschlicher Entscheidungen — eine Selbstverständlichkeit, die nur deshalb der Erwähnung bedarf, weil die neoklassische Marktformenlehre das Gegenteil lehrt[40].

Schon bei der Gründung eines jeden Unternehmens sind Entscheidungen zu treffen, die zwar nicht der Betriebswirtschaftslehre, wohl aber der herrschenden Volkswirtschaftstheorie fremd sind. Die Produkte, die hergestellt oder mit denen gehandelt werden soll, müssen ausgewählt und ihre Qualitäten festgelegt werden, wobei bereits die Wahl des Standortes eine bedeutsame Rolle spielt. An den Champs Elysées werden andere Qualitäten nachgefragt wie im Quartier Latin. Ein Fabrikant hat sich zudem bei der Wahl des Standortes zu überlegen, ob es genügend Facharbeiter gibt, ob Steuern und Löhne, aber auch die Transportkosten im Verhältnis zu anderen Gegenden günstig oder ungünstig sind, und ob das Land, das er wählt, stabil oder von Revolutionen oder langanhaltenden Streiks bedroht ist. Außerdem muß er über die Größe der Produktionsanlage und die anzuwendenden Produktionsverfahren entscheiden sowie letztlich auch über die Finanzierung und damit über jene Frage, die Adam Smith als einzige erwähnt. Nur eine Entscheidung bleibt ihm normalerweise erspart — und das ist jene Entscheidung, die wiederum das Grundmodell der neoklassischen Marktformenlehre ihm als einzige beläßt, nämlich über die von ihm abzusetzende Menge. Die Höhe seines Absatzes bestimmt in sozioökonomischen Prozessen nicht er, wie dies beim neoklassischen Modell des

---

[40] Literaturhinweise hierzu finden sich in den Fußnoten der zweiten Kapitel von „Irrwege" (1979) resp. „Economic Theory vs. Economic Reality" (1984 a).

Mengenanpassers der Fall ist[41], sondern seine Kundschaft. Ein Unternehmen kann zwar über die Menge entscheiden, die es produziert oder feilbietet, auch kann es seinen Absatz durch seine Preis- und Kundenpolitik beeinflussen (die es wiederum in der reinen Marktformenlehre nicht gibt), aber die Menge seines Absatzes bestimmen kann ein im Wettbewerb stehendes Unternehmen normalerweise nicht.

Da sich in der Realität die Marktlage ständig ändert, sind fortgesetzt weitere unternehmerische Entscheidungen zu treffen. Zum einen treten quantitative Schwankungen im Verhältnis von Angebot und Nachfrage auf, denen sich eine Firma, die auch weiterhin fortbestehen will, anpassen muß. Ist die Nachfrage rückläufig, so muß ein Fabrikant seine Produktion einschränken und überdies zu inferioren Produkten übergehen, wenn diese jetzt mehr nachgefragt werden als zuvor. Steigt die Nachfrage, so muß ein Fabrikant seine Produktion ausdehnen, und steigen gleichzeitig die Realeinkommen, muß er außerdem seine Modellreihe in Richtung auf superiore Güter erweitern. Sind die Nachfrageänderungen permanent, so werden Investitionsentscheidungen erforderlich. Nach einer Schrumpfung der Nachfrage sind Desinvestitionen und bei einem Wachstum der Nachfrage Erweiterungsinvestitionen vorzunehmen. Selbst bei rückläufiger Nachfrage können freilich auch Nettoinvestitionen angebracht sein. Dies ist der Fall, wenn sich die Nachfrager in steigendem Umfang inferioren Gütern zuwenden und daher die Produktion von inferioren Gütern gesteigert werden muß.

Zum andern entwickeln Unternehmen in der Marktwirtschaft ihre Produkte wie ihre Produktionsmethoden, so daß jeder Stillstand einem Rückstand gleichkommt. Unternehmen, die wie Siemens oder Hoechst im Wettbewerb bestehen wollen, haben daher Forschung und Entwicklung zu betreiben, damit es ihnen möglich wird, immer wieder neue und bessere Güter auf den Markt zu bringen. Ebenso geht ein Hotel, das unverändert die gleichen Zimmer mit dem gleichen Komfort anbietet, in Konkurs. So haben die Gasthöfe seit dem Ersten Weltkrieg zunächst fließendes Wasser in ihre Zimmer legen müssen, dann wurde konkurrenzbedingt der Einbau von Toiletten und Bädern notwendig und später kamen noch Zimmertelefon, Fernseher, Zimmerbars und Hallenbäder hinzu. Mit den zunehmenden Ansprüchen der Gäste wurden zugleich höhere Anforderungen an die Ausstattung von Speisesälen und Aufenthaltsräumen gestellt. All dies erfordert ebenso wie der Anbau neuer und der Abriß alter Bauteile wohlüberlegte Entscheidungen der Hoteliers.

---

[41] Wie *Erich Schneider* die sog. „vollständige" oder (zutreffender) „vollkommene Konkurrenz" bezeichnet.

7. Unternehmenspolitik in sozialökonomischen Prozessen

Wer endlich ein völlig neues Produkt herausbringt, und damit einen Markt begründet, findet weder das Produkt noch in vielen Fällen das dazu passende Produktionsverfahren vor. Er muß dann beides erst entwickeln. Der Bedarf für ein neues Produkt ist ebenfalls nicht „gegeben", sondern muß sich erst im Zeitablauf heranbilden. Das Telefon fand zunächst wenig Anklang. Ebenso waren in der Zeit, als Benz und Daimler die ersten Automobile konstruierten, nur wenige Exemplare pro Jahr absetzbar. Daß heute fast jeder zweite — wenn nicht gar jeder — Haushalt einen Telefonanschluß besitzt, haben Reis und Bell ebenso wenig vorausgesehen, wie Benz oder Ford die heutige Antoschwemme ahnen konnten. Gerade bei den für die Gestaltung der Wirtschaft maßgeblichen kreativen Entscheidungen ist die weitere Entwicklung völlig ungewiß. Sowohl für das Telefon wie für das Auto mußte die Nachfrage erst geschaffen werden, wobei drei Gesichtspunkte eine nicht zu übersehende Rolle spielten: das Verhalten der Nachbarn, die Entwicklung des Sozialprestige und das Ansteigen der Realeinkommen.

Keine Unternehmensleitung kann Entscheidungen treffen, wenn sie nicht über die entsprechenden „Aktionsparameter" verfügt. Die von Unternehmen in sozialökonomischen Prozessen einsetzbaren Aktionsparameter zeigt *Tafel 4*.

Tafel 4: Unternehmerische Aktionsparameter in sozialökonomischen Prozessen

Unternehmen, die kein Monopol haben, können zwar außerhalb von Verkäufermärkten nicht ihren Absatz bestimmen (wie der Mengenanpasser im irrealen Gleichgewicht der „vollständigen" oder „vollkommenen" Konkurrenz), aber sie besitzen dafür eine Fülle von Aktionsparametern, von denen die Kreislauftheorie nichts weiß:

I. Aktionsparameter bei Unternehmensgründung und in Anpassungsprozessen

1. *Wahl des Standorts* — im Hinblick auf Absatzchancen, Lohn- und Transportkosten, Potential an qualifizierten Arbeitskräften etc.;

2. *Art, Zahl und Qualität der Produkte* (z. B. bei Autofabrikanten die Wahl der Modelle, deren Straßenlage, Benzinverbrauch, Komfort, Umweltfreundlichkeit, PS-Stärke, Geschwindigkeit);

3. *Auswahl der Rohstoffe und Halbfabrikate* sowie deren Lieferanten;

4. *Produktionskapazität sowie Produktionsverfahren* (bei herkömmlichen Techniken);

5. *Zahl und Qualität der Mitarbeiter* sowie deren Betreuung und Weiterbildung. Bei steigendem Absatz sind überdies Entscheidungen über Neueinstellungen und bei schrumpfendem Absatz Entscheidungen über Entlassungen zu treffen, sofern die Absatzschwankungen nicht nur vorübergehend sind;

6. *Ausmaß der Lagerhaltung für Rohstoffe und Fertigfabrikate,* wobei die Kosten der Lagerhaltung mit den bei Liefer- oder Betriebsstörungen entstehenden Schäden in Vergleich zu setzen sind;

7. *Aufnahme von Krediten* bei Banken und Lieferanten sowie Gewährung von Kundenkrediten;

8. *Auf- und Ausbau der Verkaufs- oder Vertriebsorganisation* (einschließlich Werbung, Kundendienst etc.) weil sich in der Realität — anders als in der „reinen" Theorie — Waren nicht von selbst verkaufen;

9. *Ausbringung sowie Abstimmung zwischen Produktion und Absatz.* So produzieren Firmen zeitweilig mehr, als sie absetzen, wenn sie — wie Produzenten von Autos oder Ostereiern — in absatzschwachen Monaten Waren auf Lager nehmen, um sie dann während der Saison verkaufen zu können. Umgekehrt verkaufen Firmen mehr Produkte, als sie erzeugen, wenn sie — wie in den sechziger Jahren die Reedereien oder bis in die Gegenwart Daimler-Benz — mit Lieferfristen arbeiten;

10. *Desinvestitionen bei schrumpfenden und Erweiterungsinvestitionen bei wachsenden Märkten,* wobei Erwartungen über die künftige Entwicklung ähnlich wie bei Entlassungen und Einstellungen von Mitarbeitern eine ausschlaggebende Rolle spielen.

II. Spezifische Aktionsparameter in Entwicklungsprozessen

11. *Forschung und Entwicklung,* um die bereits produzierten Produkte zu verbessern sowie um neue Produkte und leistungsfähigere Produktionsverfahren zu konzipieren;

12. *Erwerb von Patenten und Lizenzen,* auch zwecks Aufnahme neuer Produkte in das Produktionsprogramm;

13. *Durchführung von Rationalisierungsinvestitionen und damit Einsatz neuer Produktionsverfahren,* um sich hinsichtlich Kosten- und Preisgestaltung einen Vorsprung vor der Konkurrenz zu verschaffen oder um deren Vorsprung wieder einzuholen;

14. *Durchführung von Novitätsinvestitionen,* um durch völlig neue Produkte einen Markt zu begründen oder um bereits vorhandene Produkte zu verbessern;

In einer sich verändernden Welt scheidet ein Unternehmen, das unverändert das gleiche Produkt — mit den gleichen Kosten — herstellt, über kurz oder lang aus.

> We ougth to value powers of observation more highly than powers of abstraction, and the insight of the historian more than the rigour of the mathematician.
>
> E. H. Phelps Brown (1972)

8. In sozialökonomischen Prozessen sind andere Variablen aktuell als im Gleichgewicht

Die Übertragung von Ergebnissen der Gleichgewichtstheorie auf ökonomische Prozesse ist unzulässig. Während in der Gleichgewichtstheorie alle Größen außer Preis und Menge als Datum unterstellt werden, sind ökonomische Prozesse umgekehrt gerade dadurch ausgezeichnet, daß sich alle ökonomisch relevanten Größen — wenn auch mit unterschiedlicher Geschwindigkeit — verändern. Weil im Verlauf sozialökonomischer Prozesse weder Produkte noch Produktionsverfahren konstant sind, werden traditionelle Waren durch neue Produkte und herkömmliche Produktionsverfahren durch leistungsfähigere Herstellungsverfahren verdrängt. Ebenso sind Märkte weder gegeben noch existieren sie wie der „vollkommene Markt" der Gleichgewichtstheorie außerhalb von Zeit und Raum. In sozialökonomischen Prozessen entstehen neue Märkte, während andere Märkte schrumpfen oder untergehen, wie denn auch an realen Märkten kein homogenes Gut (wie ein Einheitsschuh in Einheitsgröße und Einheitsfarbe), sondern unterschiedliche Güter (wie z. B. unterschiedliche Schuhmodelle in unterschiedlichen Größen und Farben) gehandelt werden. Für einen solchen Bedarfsmarkt gilt *Jevons'* „Law of indifference" nicht. Jeder reale Markt dient einem gesellschaftlichen Bedarf und wird daher (wie die Märkte für Hüte oder Herrenanzüge) durch die Bedarfshomogenität bestimmt.

In sozialökonomischen Prozessen variiert die Knappheit. Wenn der Hering in gleichem Maße wie bisher ausgerottet wird, wird er ebenso selten wie der Rheinsalm, der vor knapp zweihundert Jahren noch so reichlich vorhanden war, daß er nach der Gesindeordnung dem Personal nicht mehr als vier Mal in der Woche vorgesetzt werden durfte. Umgekehrt hat die Erfindung der Elektrizität das Licht, das früher Adligen und Fürsten vorbehalten war, in die Hütten der Armen gebracht. Selbst Güter der industriellen Massenproduktion sind nicht immer beliebig reproduzierbar. In Käufermärkten besteht zwar ein Überfluß, aber in

Verkäufermärkten sind die gleichen Güter knapp und in Extremfällen, wie bei Kriegen oder Revolutionen, sogar selten. Ebenso sind Novitäten, die einen neuen Markt begründen, zunächst nicht beliebig produzierbar, ganz davon abgesehen, daß Novitäten vor ihrer Kreation überhaupt nicht „reproduziert" werden können. Eine konstante Einteilung der Güter in die Kategorien „selten" und „beliebig reproduzierbar", wie sie die Kreislauftheorie vornimmt, ist daher mit sozialökonomischen Prozessen unvereinbar.

In sozialökonomischen Prozessen besteht auch kein Gleichgewicht von Angebot und Nachfrage, soweit sich in ihnen angebotene und nachgefragte Mengen nicht im Gleichklang verändern. Sicherlich entsteht im Verlauf von Käufer- und Verkäufermärkten eine Tendenz zum Gleichgewicht. Solange diese Prozesse jedoch andauern, gibt es kein Gleichgewicht (ganz davon abgesehen, daß sich während der Prozesse die (theoretischen) Gleichgewichtslagen laufend verändern). Es ist daher auch durchaus zulässig, in ökonomischen Prozessen davon zu sprechen, daß das Angebot die Nachfrage oder umgekehrt die Nachfrage das Angebot überwiegt. Dies ergibt sich nicht zuletzt daraus, daß in sozialökonomischen Prozessen nicht wie im Gleichgewicht Produktion und Absatz (sowie Erwerb und Konsumtion) übereinstimmen. Bei Käufermärkten — und ebenso im Fall schrumpfender Märkte — gelingt es den Unternehmen nicht, ihre ganze Produktion abzusetzen. Infolge der rückläufigen Nachfrage (oder der übermäßig gestiegenen Produktion) bleibt ihnen nichts anderes übrig, als einen Teil ihrer Produktion auf *Lager* zu nehmen[42]. Umgekehrt ergeben sich in der Phase eines Verkäufermarktes (und bei wachsenden Märkten) *Lieferfristen,* weil die Firmen, zumindest wenn sie eine langfristige Preispolitik betreiben, jetzt mehr verkaufen können, als sie produzieren. Dies gilt insbesondere für Firmen, deren Politik auf eine Verstetigung der betrieblichen Beschäftigungslage ausgerichtet ist. So hat z. B. die Daimler-Benz AG, um ihre Anlagen langfristig auszulasten, mit Lieferfristen bis zu 2½ Jahren gearbeitet. Unter Gleichgewichtsbedingungen wäre ein solches Verhalten sinnlos. *In sozialökonomischen Prozessen gibt es hingegen einen Spielraum für Unternehmenspolitik.*

In sozialökonomischen Prozessen wird die Nachfrage nicht allein und vielfach nicht einmal primär durch die Konsumtion bestimmt. Zum einen gibt es eine Vielzahl von Produkten, die nicht wie Brot oder Wein

---

[42] Obschon es irreführend ist, in diesem Fall mit der Keynes-Schule von „erzwungenen Investitionen" zu sprechen; denn die Kapazität ändert sich durch die Lagerhaltung nicht. Siehe hierzu: *Arndt* (1984 b, S. 34). Keynes lehnt die Begriffsbildung der österreichischen Schule ausdrücklich ab (*Keynes,* 1936, S. 66).

8. In Prozessen sind andere Variablen aktuell als im Gleichgewicht 51

dem unmittelbaren Verzehr dienen (obschon man auch diese Güter lagern kann), sondern sich wie Möbel, Autos oder Computer jahre- oder jahrzehntelang gebrauchen lassen. Außerdem hängt in ökonomischen Prozessen der Umfang der jeweiligen Nachfrage von den Erwartungen ab, welche die Wirtschafter hinsichtlich der künftigen Entwicklung hegen und die es in Gleichgewichtslagen ebenso wenig wie die Ungewißheit gibt. In sozialökonomischen Prozessen fußen die Entscheidungen der Wirtschafter daher nicht nur auf den Erfahrungen der Vergangenheit, sondern auch auf den Erwartungen hinsichtlich von Ereignissen, die vermutlich in der Zukunft eintreten werden. Ob diese erwarteten Ereignisse dann auch tatsächlich eintreten, ist stets ungewiß. Man weiß zwar, daß sich die Sonne um die Erde dreht oder daß im Gleichgewicht der sog. „vollständigen Konkurrenz" die Preise gleich den Grenzkosten sind, — aber man erwartet, daß die Kurse von Wertpapieren an der Börse steigen (oder fallen).

In sozialökonomischen Prozessen spielt die Sättigungsproblematik und damit Gossens' Sättigungsgesetz keine ausschlaggebende Rolle. Wenn die schöpferischen Wirtschafter Güter kreieren, die neue ökonomisch relevante Bedürfnisse wecken[43], wird der Grad, in dem alte Bedürfnisse bislang befriedigt wurden, ökonomisch uninteressant. Dies gilt desto mehr, je schneller herkömmliche Bedürfnisse durch neuartige Bedürfnisse verdrängt werden. Wenn elektrische Glühbirnen auf den Markt kommen, spielt es keine Rolle mehr, ob und in welchem Umfang der Bedarf an Gasleuchten gesättigt ist. Aus den gleichen Gründen ist in sozialökonomischen Entwicklungsprozessen auch die „absolute Sättigungsgrenze" nicht aktuell, mit der neuerdings wieder der „Club of Rome" die Menschen erschreckt. Durch jedes neue Produkt, das mit neuen Bedürfnissen einen neuen Bedarf weckt, verschiebt sich die Sättigungsgrenze. In einer Gesellschaft, in der sich die Produkte wie die Präferenzen wandeln, wird eine „absolute Sättigungsgrenze" nie erreicht.

In Entwicklungsprozessen entsteht zudem nicht nur bei Haushalten, sondern auch bei Unternehmen zusätzlicher Bedarf. Dies gilt einmal für leistungsfähigere Maschinen, die erst einmal nachgefragt und erworben werden müssen, bevor sie in den Betrieben eingesetzt werden können. Insofern ist bei Investitionsgütern stets zwischen dem Nachfrageeffekt beim Kauf und dem Produktivitätseffekt während ihres Einsatzes zu unterscheiden. Dies gilt zum anderen für alle Produkte, die dem Wohl

---

[43] Ökonomisch relevante Bedürfnisse (z. B. Champagner oder Kaviar) sind mit physischen Bedürfnissen (wie Durst oder Hunger) nicht identisch, auch wenn in beiden Fällen von „Bedürfnissen" gesprochen wird.

der Mitarbeiter dienen, wozu beispielsweise bequemere Sitze und Arbeitstische, aber auch Kaffeemaschinen, Radioapparate oder die Ausstattung der Aufenthaltsräume wie der sanitären Anlagen gehören. In einer reinen Kreislaufanalyse wird keiner dieser Zusammenhänge sichtbar.

In sozialökonomischen Prozessen sind die Aktionsparameter der Unternehmen nicht auf Preise und Mengen beschränkt. In ihnen gibt es Unternehmenspolitik, unter deren Einfluß sich Produkte und Produktionsverfahren, Kapazitäten, Organisation, Vertrieb usw. verändern. In sozialökonomischen Prozessen haben Unternehmen ihre Waren wie ihre Produktionsanlagen zu gestalten, ihren Vertrieb zu organisieren, und außer Des- und Erweiterungsinvestitionen vor allem Entwicklungsinvestitionen durchzuführen, wenn sie nicht konkurrenzunfähig werden wollen.

In sozialökonomischen Prozessen, die in Zeit und Raum ablaufen, gibt es keine Marktformen, die auf zeit- und raumlosen Punktmärkten angesiedelt sind. In sozialökonomischen Prozessen sind Preise keine Daten und Produkte nicht homogen wie in der Marktform der „vollständigen Konkurrenz". In sozialökonomischen Prozessen sind auch *Monopole* und *Monopsone* in Zeit und Raum eingebettet, so daß von ihnen unternehmerische Entscheidungen über Preise, Mengen, Qualitäten, Produktionsverfahren, Mitarbeiter wie über die zu verwendenden Materialien (Rohstoffe und Halbfabrikate) zu treffen sind. Soweit permanente Machtmonopole nicht der Substitutionskonkurrenz von Drittmärkten unterliegen, hindert sie nichts, die Qualität ihrer Produkte zu verschlechtern oder ihr Sortiment zu verkleinern, um auf diese Weise Kosten zu sparen. Sie können außerdem — wie das internationale Glühlampenkartell — die Haltbarkeit ihrer Produkte herabsetzen, um ihren Absatz zu vergrößern. In sozialökonomischen Prozessen gibt es endlich jene Gleichgewichtslagen nicht, welche die Marktformenlehre als „Dyopole" und „Oligopole" bezeichnet. Im sozialökonomischen Prozeß des Wettbewerbs ist es relativ gleichgültig, ob sich zwei, drei, hundert oder tausend Konkurrenten gegenüberstehen. Entscheidend ist allein, daß die Wirtschafter *wettbewerbswillig* und *wettbewerbsfähig* sind. Aus diesen Gründen ist auch die von Erhard Kantzenbach aufgestellte „Theorie des funktionsfähigen Wettbewerbs" nicht zu halten. Diese Theorie verkennt zum einen, daß die Zahl der Konkurrenten für die Funktionsfähigkeit des Wettbewerbs*prozesses* keine entscheidende Bedeutung besitzt. Zum andern ist der Versuch Kantzenbachs, „systematische Zusammenhänge zwischen ... Marktformen ... und Gleichgewichtspreisen ... für die dynamische Prozeßtheorie ... heraus-

8. In Prozessen sind andere Variablen aktuell als im Gleichgewicht

zuarbeiten"[44], bereits im Ansatz verfehlt. Gleichgewichtsanalyse und Prozeßanalyse sind nicht miteinander vereinbar.

Dies hält die neoklassische Theorie freilich nicht davon ab, Gleichgewichtslagen und sozialökonomische Prozesse miteinander zu vermengen. Obschon es in zeit- und raumlosen Punktmärkten keine Verluste geben kann (weil Verluste nicht zeitlos andauern können), gestattet sie Verluste in Höhe der fixen Kosten (obschon sich in der Realität die Unternehmen nicht an diese Grenzen halten!) und als „vorübergehend", obschon sich in zeitlosen Gleichgewichtsmodellen nicht zwischen kurz- und langfristig unterscheiden läßt. Ebenso inkonsequent ist es, wenn Oszillationsprozesse als Sequenz partieller Gleichgewichtslagen aufgefaßt werden, wie dies seit Wassily W. Leontief und Oskar Lange üblich ist, die hierbei mit der Grenzkostenanalyse der „vollkommenen Konkurrenz" operieren, obschon in sozialökonomischen Prozessen Grenzkosten keine den Preis bestimmende Rolle spielen und die Marktform der „vollkommenen Konkurrenz" eine zeit- und raumlose Gleichgewichtslage ist.

In sozialökonomischen Prozessen ist endlich der Gewinn kein „Residuum", sondern wird weitgehend — wenn auch nicht ausschließlich — durch unternehmerische Entscheidungen bestimmt. In ökonomischen Prozessen sind Kosten- und Absatzkurven nicht gegeben und die Unternehmen betreiben — aufgrund ihrer Erfahrungen und Erwartungen — Preis- und Absatzpolitik, bei denen Vorratshaltung und Lieferfristen eine Rolle spielen. Ob und mit welchem Erfolg sich Unternehmen in Anpassungs- und Entwicklungsprozessen durchsetzen, hängt in entscheidendem Umfang von den Fähigkeiten ihres Managements und deren Strategien ab — Faktoren, die in einer Kreislauftheorie nicht vorkommen, in der es weder Anpassungsprozesse noch wirtschaftliche Entwicklung gibt und der Mensch als ein mit Verstand und Vernunft begabtes Wesen noch keine Rolle spielt.

Für ökonomische Prozesse, die durch menschliche Kreativität, aber auch durch menschliche Unzulänglichkeit ausgelöst (und beeinflußt) werden, gelten andere Zusammenhänge als für Gleichgewichtslagen

---

[44] Vgl. *Kantzenbach* und *Kallfass* (1981, S. 108). Die sich hier in Fußnote 19 auf S. 122 findende Behauptung, nach der „ein ähnlicher Versuch" von mir stamme, entbehrt jeder Grundlage. Ich habe niemals versucht, Gleichgewichts- und Prozeßtheorie miteinander zu verbinden. — Ihre Behauptung ist noch aus zwei anderen Gründen unfundiert: Clark's Aufsatz (Am Ec R. 1940), auf den sie anspielen, enthält 1. keine Wettbewerbs*theorie* und war 2. infolge der Nachkriegsverhältnisse, als ich 1947/48 „Konkurrenz und Monopol in Wirklichkeit" (Jb Nö u St. 1949) schrieb, in Marburg unzugänglich; sein Buch erschien *1961*.

oder mechanische Verläufe. Auf ökonomische Prozesse sind die Ergebnisse der Gleichgewichtstheorie nicht übertragbar, weil das Erkenntnisobjekt in jeder Hinsicht grundverschieden ist.[45]

---

[45] Aus den gleichen Gründen hat sich die Lehre von der „sinkenden Profitrate", die *Adam Smith, David Ricardo* u. a. aus ihren Kreislaufmodellen abgeleitet haben, als Irrtum erwiesen. Drei Gründe sind hierfür maßgebend: Erstens sinkt die Profitrate nicht, wenn die Produktivität infolge von Rationalisierungsinvestitionen steigt. Zweitens ergibt sich kein Überfluß an „Kapital", wenn das eingesetzte Produktionskapital infolge des technischen Fortschritts vorzeitig wertlos wird. Und drittens bleibt die Nachfrage nach Produkten nicht gleich, weil sich der Bedarf mit der Kreation neuer Produkte und die Realeinkommen mit der Produktivität entwickeln. In der Realität der Marktwirtschaft ist daher ein „Absinken der Profitrate" (und damit der Gewinne) bisher nicht beobachtet worden.

> Physics is not, never has been, and never claimed
> to be a guide to social choice, whereas economics has
> been and claims to be just that.
>
> Robert A. Solo

9. Im Verlauf sozialökonomischer Prozesse sind die vom Staat gesetzten „Rahmenbedingungen" keine Daten

Die klassische und die neoklassische Gleichgewichtstheorie gehen davon aus, daß die gesamtwirtschaftlichen Rahmenbedingungen „gegeben" sind. Bei einer zeit- und raumlosen Analyse ist eine solche Annahme folgerichtig. In sozialökonomischen Prozessen ist die gleiche Unterstellung unzulässig. Eine exakte Trennung zwischen Staat und Wirtschaft ist hier schon deshalb nicht möglich, weil der Staat als Fiskus selbst Wirtschaftssubjekt ist und als Träger der Hoheitsgewalt für Art und Entwicklung der Wirtschaftsordnung wie überhaupt für wirtschaftspolitische Aktivitäten die Verantwortung trägt.

Als *Fiskus* tätigt der Staat Einnahmen und Ausgaben. Selbst wenn man davon absieht, daß sich der Staat in Marktwirtschaften meist selbst als Unternehmer betätigt (auch in der Bundesrepublik gibt es Staatskonzerne), ist er fast überall zum bedeutendsten Wirtschafter in Marktwirtschaften geworden. Von seiner Einnahmen- und Ausgabenpolitik, insbesondere von der Ausgestaltung seines Steuersystems sowie von Art und Umfang der Subventionen, hängen Konjunktur und Beschäftigung weitestgehend ab[46].

Als *Träger der Hoheitsgewalt* ist der Staat für die Wirtschaftsordnung und damit für die wirtschaftlichen Rahmenbedingungen verantwortlich. Ob eine Volkswirtschaft wie eine Marktwirtschaft auf das Ziel der Wirtschaftsentwicklung ausgerichtet ist oder ob sie sich wie Staats- oder Planwirtschaften[47] primär am Ziel eines stationären Kreislaufs orientiert, wird ebenso durch Regierungen bestimmt wie die Gestaltung von Weltwirtschafts- und Weltwährungsordnung durch die Repräsentanten jener Regierungen, die sich der hierdurch geschaffenen internationalen Arbeitsteilung anschließen wollen. Wie die Sowjetwirtschaft

---

[46] Hierzu eingehender: *Winden* (1983); *Arndt* (1984 b, S. 99 ff.).

[47] Auch die Marktwirtschaft beruht auf einem Plan, weshalb die Bezeichnung „Planwirtschaft" für die Wirtschaften der Ostblockländer irreführend ist.

von Lenin und seinen Nachfolgern geschaffen wurde, so ist die soziale Marktwirtschaft in der Bundesrepublik im wesentlichen das Werk von Ludwig Erhard und Müller-Armack. Ebenso würde es nach dem Zweiten Weltkrieg selbst in Teilbereichen keine Rückkehr zur Weltwirtschaft ohne die zwischen den „westlichen" Regierungen getroffenen Vereinbarungen gegeben haben. — Der Wettbewerbsprozeß bleibt nicht unberührt von staatlichen Gesetzen oder anderen staatlichen Eingriffen. Der Wettbewerb ändert sich beispielsweise, wenn das Herabsetzen von Konkurrenten und Konkurrenzprodukten in der Werbung durch Vorschriften gegen den unlauteren Wettbewerb untersagt wird, er verlagert sich vom Qualitäts- zum Preiswettbewerb, wenn die Preisbindung der zweiten Hand verboten wird, und er entartet, wenn der Staat Wirtschaftern, die an sich schon (über-)mächtig sind, eine privilegierte Stellung verleiht. In der Tat wären Wettbewerbsgesetze a priori sinnlos, wenn sie den Ablauf von Wettbewerbsprozessen unangetastet lassen würden; aber auch andere Staatseingriffe, wie etwa Art und Ausmaß der Unternehmensbesteuerung sind keineswegs wettbewerbsneutral (s. unten den 3. Teil).

Der Staat und seine Institutionen beeinflussen freilich nicht nur die Wirtschaft, sondern werden auch umgekehrt sowohl vom wirtschaftlichen Geschehen als auch von den Wirtschaftern — und last but not least von den Ökonomen selbst — beeinflußt.

Zum einen verändert das Wirtschaftsgeschehen den Staat. Die Wirkungen der Weltwirtschaftskrise der Dreißiger Jahre beschränkten sich nicht nur darauf, eine Flut von Gesetzen hervorzubringen, die — wie etwa die Kreditgesetzgebung — bis heute ihre grundsätzliche Bedeutung behalten haben. Vielmehr waren die zur gleichen Zeit gegen Arbeitslosigkeit und Devisenmangel getroffenen Maßnahmen die Ursache auch dafür, daß sich in Ländern wie dem damaligen Deutschen Reich, Großbritannien oder Holland die Wirtschaftsordnung veränderte. Die prozessualen Knappheitspreise wurden durch staatliche Festpreise ersetzt[48], die Importe kontingentiert und die Devisen durch staatliche Behörden zugeteilt. Erst nach dem Zweiten Weltkrieg wurde durch staatliche Maßnahmen die marktwirtschaftliche Ordnung wiederhergestellt und durch zwischenstaatliche Vereinbarungen die Voraussetzung für eine Wiederbelebung der Weltwirtschaft geschaffen, an der bis zu einem gewissen Grade sogar die Ostblockstaaten partizipieren.

Zum anderen beeinflussen die Wirtschafter über die Parteien die wirtschaftlich relevanten Gesetze und Verwaltungsakte. Die Lobbies in

---

[48] Teils wurden die Preise eingefroren (wie beim „Lohnstop"), teils durch Staatskommissare festgesetzt.

9. In Prozessen sind „Rahmenbedingungen" keine Daten

Washington oder Bonn zeigen dies ebenso wie die Spenden, die von wirtschaftlichen Vereinigungen an politische Parteien gewährt werden. Selbst das Gesetz gegen Wettbewerbsbeschränkungen ist mit Vertretern der Wirtschaft abgestimmt worden, wie es überhaupt üblich — und in gewisser Hinsicht sogar mitunter sinnvoll — ist, vor Erlaß eines Gesetzes die Betroffenen zu hören. Gesetze aus den Schubläden von Ministerialbeamten sind ebenso wie Gesetze, die Professoren an Hand von irrealen Kreislaufmodellen erarbeiten, keineswegs immer der Weisheit letzter Schluß. — Endlich sind die *Ökonomen*, selbst wenn sie die naturgesetzliche Entwicklung der Wirtschaft oder andere ökonomische „Naturgesetze" lehren, für die Gestaltung der Wirtschaft mitverantwortlich. Wie die Merkantilisten, so haben auch die klassischen und neoklassischen Ökonomen — und nicht zuletzt *Karl Marx* und *Friedrich Engels* — Wirtschaftsordnungen und Wirtschaftspolitik beeinflußt. Sowohl im Westen wie im Osten ist dieser Einfluß eindeutig nachweisbar.

In sozialökonomischen Prozessen sind daher „die volkswirtschaftliche Organisation, die Rechtsordnung und die Verwaltungstätigkeit des Staates" *keine* „Daten des Wirtschaftsprozesses" wie die neoklassische Wirtschaftstheorie unterstellt[49]. Einen stationären Wirtschaftskreislauf gibt es in Marktwirtschaften ebenso wenig wie Rahmenbedingungen, die vom realen Wirtschaftsgeschehen — und von den Lehren der Ökonomen — unbeeinflußt über den Zusammenhängen schweben. Insofern kann eine Theorie der sozialökonomischen Prozesse ökonomisch relevante Wandlungen in den „gesamtwirtschaftlichen Rahmenbedingungen" — insbesondere hinsichtlich der Gestaltung der Wirtschaftsordnung — nicht völlig außer acht lassen, wie sich in den beiden folgenden Teilen zeigt.

---

[49] Vgl. z. B. *von Stackelberg* (1948, S. 3 ff.).

ZWEITER TEIL

Der Leistungswettbewerb

> Competition is by its nature a dynamic process whose essential characteristics are assumed away by the assumptions underlying static analysis.
>
> Friedrich A. Hayek

1. Der Leistungswettbewerb ist kein Naturprodukt, sondern das Ergebnis menschlicher Kreativität

Der Leistungswettbewerb ist weder mit Preiswettbewerb identisch, noch ist er ein Naturphänomen, das seit Anbeginn der Welt besteht. Tatsächlich ist der Leistungswettbewerb, der Angebot und Nachfrage durch neue Produkte und Produktionsverfahren revolutioniert, kaum 250 Jahre alt und das Ergebnis menschlicher Kreativität.

Wie die soziale Marktwirtschaft durch Ludwig Erhard geschaffen wurde, so haben die aufgeklärten Monarchen des 18. Jahrhunderts auf den Rat ihrer ökonomischen Sachverständigen den Leistungswettbewerb zum Leben erweckt (was man nicht erkennt, wenn man den Einfluß des Staates auf die Wirtschaft als „exogen" betrachtet und demzufolge aus der Analyse ausschließt).

Zwei staatliche Maßnahmen waren primär für seine Entstehung entscheidend:

1. die Aufhebung des Zunftwesens und

2. (was noch wichtiger war) der Erlaß von Patentgesetzen.

Die Aufhebung der Zünfte gab Produktion und Preise frei, während die Einführung des Patentrechts die erforderlichen Anreize für die Kreation neuer Konsum- und Kapitalgüter gewährte. Privateigentum an Produktionsmitteln (z. B. Sklaven) hat es ebenso wie Gewinnstreben schon im Mittelalter gegeben. Das entscheidend Neue ist weniger, daß sich die Hersteller gegenüber den Händlern durchsetzen, als daß sie dank der vom Staat gewährten Incentives neue Güter kreieren und „produzierte Produktionsmittel" in Gestalt von Maschinen (anstelle von

Sklaven) verwenden. Das hat es vorher zu keiner Zeit und in keinem Land gegeben.

Sicherlich gab es auch schon vor der Mitte des 18. Jahrhunderts hier und da Wettbewerb, aber er beschränkte sich, wie in der Zeit der Karthager und Römer oder wie in der Epoche der Genuesen und Venezianer, auf den Handel und wurde oft weniger mit ökonomischen als mit kriegerischen Mitteln ausgefochten. Die Hersteller waren eher Objekte als Subjekte in diesen Wirtschaftsordnungen, was besonders dann galt, wenn sie — wie nicht selten auch die Abnehmer — ausgebeutet wurden. Die Kreation neuer Güter und leistungsfähiger Produktionsverfahren spielte in diesen Zeiten infolgedessen keine nennenswerte Rolle.

Zweifelsohne gab es auch schon in früheren Zeiten vereinzelt grundlegende Neuerungen wie das Wagenrad, den Hebel oder den Buchdruck. Die „industrielle Revolution" jedoch, die von schöpferischen Fabrikanten gemacht wird und mit der die heute noch andauernde Industrialisierung begann, fand erst statt, nachdem Produzenten für Innovationen durch Patente belohnt und Preise, Produkte wie Produktionsverfahren der freien unternehmerischen Entscheidung überlassen wurden. Erst das Patentrecht (einschließlich des Musterschutzes) machte es interessant, neue Konsumgüter wie Patentrasierapparate oder Haushalts-Nähmaschinen oder Investitionsgüter wie Textilmaschinen herauszubringen. Es war damit zugleich die Ursache dafür, daß der Industrie die führende und dem Handel eine mehr dienende Funktion in der wirtschaftlichen Entwicklung zufiel, die bis dahin weniger durch Innovationen, als durch Erschließung neuer Märkte in anderen Ländern ausgezeichnet war. *Mittel des Leistungswettbewerbs waren daher von Anfang an nicht allein und auch nicht primär die Preise, sondern neue Produkte, welche die Nachfrage anregen, und neue Investitionsgüter, welche die Produktionskosten senken.*

Ohne die Entfesselung des Leistungswettbewerbs hätte sich im Verlauf der letzten zweihundertfünfzig Jahre weder Angebot wie Nachfrage quantitativ und qualitativ vervielfachen noch in Ländern wie den USA die Sklaverei abschaffen lassen, die selbst unter dem Vorzeichen des Christentums bis weit ins 19. Jahrhundert hinein fortbestanden hat. Die Beschäftigung von Sklaven (und Leibeigenen) wurde überflüssig, als es sich als rationeller erwies, Maschinen anstelle von Sklaven arbeiten zu lassen.

Die ersten Marktwirtschaften wiesen allerdings in sozialer Hinsicht *gravierende Konstruktionsfehler* auf, weil zwar den Unternehmern die Konzentration von Arbeitskräften in Fabriken erlaubt, aber den Arbeitern und Angestellten Zusammenschlüsse grundsätzlich verboten

1. Leistungswettbewerb: ein Ergebnis menschlicher Kreativität

waren. Da unqualifizierte Arbeitskräfte jederzeit ersetzbar sind, jeder Arbeiter aber zu seinem Lebensunterhalt auf Arbeit angewiesen ist, waren damals die Arbeitgeber in der dominanten und die (unqualifizierten) Arbeitskräfte in der Abhängigkeits-Position. Die Arbeiter waren zwar rechtlich frei (was die Sklaven nicht gewesen waren), aber infolge des vom Staat erlassenen Koalitionsverbots wirtschaftlich unfrei geworden.

Die Fürsten verfolgten mit diesem Koalitionsverbot ein Ziel, das auch in anderer Hinsicht mit den Grundsätzen des Leistungswettbewerbs unvereinbar war. Sie wollten die Löhne drücken, um die für ihre Hofhaltung benötigten Produkte sowie die Waffen und Uniformen für ihre Armeen so preisgünstig wie nur möglich zu erhalten.

Die Folge des einseitig gegen die Arbeiter gerichteten Koalitionsverbots war, daß die Arbeitgeber ihren (unqualifizierten) Arbeitskräften Arbeitszeit und Arbeitslohn diktieren konnten — mit dem Ergebnis, daß die Arbeitszeit auf ein Maximum stieg (die sechzig- bis siebzigstündige Arbeitswoche war keine Ausnahme) und trotzdem der Wochenlohn gerade noch zur Bestreitung des „Existenzminimums" ausreichte. Die hierdurch verursachte Verelendung des „Proletariats", die Marx zutreffend beschreibt, aber unzutreffend erklärt, ist weder durch das Privateigentum noch infolge der Entfesselung der Produktionskräfte durch den Leistungswettbewerb hervorgerufen worden. Vielmehr war es die durch das staatliche Koalitionsverbot verursachte *Einseitigkeit der Machtverteilung*, die zunächst eine asoziale Marktwirtschaft — anstelle einer sozialen Marktwirtschaft — entstehen ließ. Die Ursache der Verelendung entfällt, sobald die Macht zwischen den Sozialpartnern gleichmäßig verteilt und die Löhne zwischen gleichberechtigten Partnern vereinbart werden.

Seit der — den Grundsätzen des Leistungswettbewerbs gemäßen — Zulassung freier Gewerkschaften[1] hat sich denn auch das Realeinkommen aller abhängig Beschäftigten und insbesondere das Realeinkommen der unqualifizierten Arbeiter in den marktwirtschaftlich organisierten Industrieländern vervielfacht. Die neuen Produkte und die leistungsfähigeren Produktionsverfahren, die seit Beginn der „industriellen Revolution" von schöpferischen Unternehmen kreiert worden sind, haben in allen Schichten der Bevölkerung und nicht zuletzt bei den ungelernten Arbeitskräften eine Entwicklung des Lebensstandards ermöglicht, deren heutige Höhe weder zu Beginn des 19. Jahrhunderts, ja noch nicht einmal in den zwanziger Jahren dieses Jahrhunderts vorstellbar gewesen ist.

---

[1] Die Staatsgewerkschaften in Ländern wie der Sowjetunion sind hiermit nicht gemeint. Sie dienen in erster Linie dem Staat und nicht den Arbeitern.

> Diese Art der Konkurrenz ist um so viel wirkungsvoller als die andere, wie es ein Bombardement ist im Vergleich zum Aufbrechen einer Tür.
>
> Joseph A. Schumpeter

2. Der Leistungswettbewerb besteht aus sozialökonomischen Prozessen, die durch Knappheitspreise gelenkt werden und den Qualitätswettbewerb sowie vor allem den Entwicklungswettbewerb umfassen

Der Leistungswettbewerb integriert mit Hilfe des Knappheitspreises ein Bündel sozialökonomischer Prozesse zu einer Einheit. Von den „Marktformen" der neoklassischen Theorie, die auch von der Eucken-Schule übernommen wurden, unterscheidet sich der Leistungswettbewerb in mehrfacher Hinsicht: 1. Er ist keine Gleichgewichtslage, sondern besteht aus sozialökonomischen Prozessen. 2. Er wird nicht durch Gleichgewichtspreise bestimmt, die sich aus den Kosten ergeben, sondern durch Marktpreise gesteuert, die sich nach der jeweiligen Knappheit richten (Knappheitspreise). 3. Mittel der Konkurrenz sind nicht nur Preise, sondern auch und vor allem Qualitäten, Novitäten und Rationalisierung. Außerdem spielt die Zahl der Teilnehmer keine ausschlaggebende Rolle. Es müssen nur — wie beim Tennis — mindestens Zwei sein. — Von der Wettbewerbsvorstellung *Schumpeters* unterscheidet sich der Leistungswettbewerb dadurch, daß er kein „Prozeß der schöpferischen Zerstörung"[2], sondern ein *Prozeß der Anpassung und Entwicklung* ist, mit dem permanente Monopole („Vertrustung") unvereinbar sind.[3] *Schumpeter hat nicht zwischen Anpassungs- und Entwicklungswettbewerb unterschieden.*

Leistungswettbewerb ist *Anpassungswettbewerb*, wenn er das Angebot auf die Nachfrage oder deren Schwankungen abstimmt. Eine Angebotsanpassung ist erforderlich bei Käufer- und Verkäufermärkten sowie bei schrumpfenden und wachsenden Märkten. Außerdem ist zwischen quantitativer Anpassung (wie beim *Preiswettbewerb*) und qualitativer Anpassung (wie beim *Qualitätswettbewerb*) zu unterscheiden. Der „Nachahmerwettbewerb", der nach Schumpeter die prozessualen

---

[2] *Schumpeter* (1946, 7. Kapitel).
[3] Anders *Schumpeter* (1952, S. 101, und 1946, insb. S. 163 ff.).

Leistungsmonopole schöpferischer Unternehmer abträgt, ist ein Sonderfall des Anpassungswettbewerbs.

Leistungswettbewerb ist *Entwicklungswettbewerb*, wenn er die Unternehmen zur Kreation von neuen Produkten und Produktqualitäten anregt *(Novitätswettbewerb)* oder zum Einsatz leistungsfähigerer Produktionsverfahren veranlaßt *(Rationalisierungswettbewerb)*, wobei sich auch diese Unterscheidung weder bei Schumpeter noch in der Neoklassik findet. Eine strenge Trennung zwischen Novitäts- und Rationalisierungswettbewerb ist zwar in der Realität nicht immer möglich, weil sich neue Güter wie die Nähmaschine oder das Auto sowohl im Haushalt wie im Betrieb einsetzen lassen. Trotzdem bleibt ein entscheidender Unterschied: Jede Novität, und zwar gleichgültig ob es sich um Konsum- oder Investitionsgüter handelt, weckt zusätzliche Nachfrage *(Nachfrageeffekt)*. Erst wenn die neuen Investitionsgüter in den Betrieben als Produktionsmittel eingesetzt werden, erhöhen sich die Produktivität und damit das Angebotspotential *(Produktivitätseffekt)*.

I. Preiswettbewerb

Der Preiswettbewerb wird durch Knappheitspreise gesteuert, deren Funktion es ist, Disproportionalitäten zwischen Angebot und Nachfrage zu beseitigen und prozessuale Gewinne und Verluste zu eliminieren. Preiswettbewerb gibt es nur in Anpassungs- und Entwicklungsprozessen. Er ist vor allem dann von besonderer Bedeutung, wenn die Güter am Bedarfsmarkt relativ homogen sind, wie dies bei Heizöl oder Kaffee der Fall ist, und die Präferenzen der Kunden für bestimmte Marken infolgedessen nur schwach ausgebildet sind.

Im Preiswettbewerb unterbieten sich die Unternehmen, um ihren Konkurrenten Kunden abspenstig zu machen oder um zu verhindern, Kunden an Konkurrenten zu verlieren, deren Qualitäten besser sind. Im Verlauf von Käufermärkten, in denen es an ausreichendem Absatz fehlt, wird der Preisdruck des Wettbewerbs intensiviert, so daß *Verluste* entstehen, welche die Unternehmen veranlassen, ihre Produktion einzuschränken oder Desinvestitionen vorzunehmen, die nicht verbrauchs-, sondern absatzbedingt sind.

In Verkäufermärkten ist umgekehrt von dem Preisdruck des Wettbewerbs nichts zu spüren. Es zeigt sich jetzt sogar der entgegengesetzte Effekt: *Die Preise sinken nicht, sondern steigen.* Wenn nämlich ein Unternehmen nicht einmal den Bedarf seiner alten Kunden decken kann, wird es interessanter, die Preise zu erhöhen statt den Konkurrenten Kunden wegzunehmen. Hierdurch entstehen *Gewinne*, welche die Unternehmen zu Erweiterungsinvestitionen anregen und damit die Funktion wahrnehmen, das Gleichgewicht am Bedarfsmarkt tendenziell wiederherzustellen.

Der Preiswettbewerb erfüllt somit in sozialökonomischen Prozessen zwei Funktionen:

1. Er bringt die Unternehmen insbesondere im Verlauf von Käufermärkten dazu, sich in ihren Preisen zu unterbieten, und

2. er veranlaßt die Unternehmen bei Anpassungsprozessen dazu, ihre Ausbringung und nicht zuletzt ihre Kapazitäten der veränderten Marktlage anzupassen, was ohne Anpassungsverluste resp. ohne Anpassungsgewinne nicht erfolgen würde.

In Käufermärkten gibt es ebenso wenig wie an schrumpfenden Märkten eine Untergrenze für Verluste, wie die neoklassische Kreislauftheorie lehrt: Sicherlich kann es sich für ein Unternehmen vorübergehend als zweckmäßig erweisen, weiter zu arbeiten, wenn es außer den variablen Kosten einen Teil seiner — in jedem Fall entstehenden — fixen Kosten verdient. In diesem Fall besteht jedoch kein Gleichgewicht mehr, sondern ein Prozeß — und in sozialökonomischen Prozessen richten sich Unternehmen nicht nach objektiven, sondern nach *subjektiven* Größen, nämlich nach ihren Erfahrungen und vor allem nach ihren *Erwartungen*. Erwarten Unternehmen, daß die Marktlage kurzfristig umschlägt, so produzieren sie selbst dann weiter, wenn die erzielbaren Preise nicht einmal mehr die variablen Kosten decken. In der Realität zeigt sich daher immer wieder, daß illiquide gewordene Unternehmen nicht nur bei ihren Lieferanten (und bei ihren Banken), sondern auch bei der Sozialversicherung und bei ihren Mitarbeitern Schulden hinterlassen. Dies hat zwei Gründe: Zum einen würden die Verluste bei einer vorübergehenden Betriebsschließung noch größer sein, zumal man damit die Kundschaft verprellt, und zum anderen hofft man, die erlittenen Verluste bei einer „Änderung der Marktlage" doppelt und dreifach wieder hereinzuholen.

II. Qualitätswettbewerb

Im Qualitätswettbewerb überbieten sich die Unternehmen in der Erfüllung qualitativer Kundenwünsche, um ihre Konkurrenten zu übertreffen oder einen aus anderen Gründen erlittenen Rückstand aufzuholen. In Wohlstandsgesellschaften gibt es außerdem in zunehmendem Umfang Produkte, bei denen primär die Qualität und nicht mehr der Preis für den Erwerb eines Gutes entscheidend ist. Insofern wird mit steigendem Wohlstand der Preiswettbewerb nicht nur vom Qualitätswettbewerb begleitet, sondern vielfach sogar in eine sekundäre Rolle gedrängt. Wird z. B. die Erhöhung der Nachfrage von einem Anstieg der Realeinkommen der privaten Haushalte verursacht, so wendet sich die Nachfrage primär den superioren Gütern zu. Trotz insgesamt steigender Nachfrage können dann die Anbieter inferiorer Güter Absatzverluste erleiden. So wurde in der Bundesrepublik infolge des zunehmenden Wohlstands gegen Mitte resp. Ende der fünfziger Jahre die Firma BMW zur Einstellung des Baues der Isetta und Messerschmidt zum Verzicht auf die Weiterproduktion des „Schneewittchen-Sarges" gezwungen. Die Hersteller superiorer Güter verkaufen dafür um so mehr Produkte, wobei ihre Lieferfristen um so länger werden, je zurückhaltender ihre Preispolitik ist. Sobald Qualitätsunterschiede eine Rolle spielen, entwickeln die Nachfrager für die eine oder andere Marke Präferenzen. Sie sind infolgedessen eher bereit, eine Wartezeit in Kauf zu nehmen, als auf ein anderes Produkt auszuweichen. Die quantitative Anpassung wird daher jetzt durch *qualitative Anpassungsprozesse* ergänzt, wenn nicht sogar ersetzt. Nicht die Unternehmen mit den niedrigeren Preisen, sondern die Unternehmen mit den gewünschten Qualitäten haben jetzt im sozialökonomischen Prozeß des Leistungswettbewerbs Erfolg.

Die Kaufentscheidungen komplizieren sich dadurch, daß es jetzt das gleiche Modell in verschiedenen Ausführungen und zu unterschiedlichen Preisen gibt, wie ein Blick in die Kataloge und Preislisten von Autofirmen zeigt. Der kombinierte *Qualitäts-Preis-Wettbewerb* stellt daher sowohl an Nachfrager als auch an Anbieter erheblich höhere Ansprüche als der reine Preiswettbewerb.

Der Qualitätswettbewerb differenziert das Angebot, weil und soweit dies die Kunden wünschen, deren Geschmack und deren Einkommen unterschiedlich sind. Die Nachfrager gewinnen damit die Möglichkeit, nicht nur zwischen verschiedenen Modellen, sondern auch zwischen verschiedenen Ausgestaltungen des gleichen Modells zu wählen. *Je intensiver der Qualitätswettbewerb ist, desto mehr entspricht die Differenzierung des Angebots den individuellen Kundenwünschen.*

Dieser Sachverhalt wird allerdings verwischt, wenn man sich auf die Kreislaufanalyse beschränkt und nicht zwischen *Gleichgewichtslagen und sozialökonomischen Prozessen* unterscheidet. Geht man z. B. vom Gleichgewichtsmodell der „vollkommenen Konkurrenz" aus, in dem nur Stücke eines Einheitsguts zum Einheitspreis umgesetzt werden, so gelangt man wie *Chamberlin* zu dem Trugschluß, die Produktdifferenzierung als Folge monopolistischer Einflüsse zu betrachten. Tatsächlich ist es umgekehrt. Während Anbieter durch den Qualitätswettbewerb zur Produktdifferenzierung gezwungen werden, pflegen Unternehmen, die ein permanentes Monopol gewinnen, ihre Produktpalette aus Kostengründen einzuschränken. Warum haben denn Henry Ford und später die Volkswagenwerke ihre Einheitsmodelle aufgegeben? Sie wurden hierzu gezwungen, weil ihre Kunden zu Konkurrenzfirmen abwanderten, die Modelle in verschiedenen Ausführungen für unterschiedliche Geldbeutel und unterschiedliche Qualitätswünsche bereit hielten.

III. Novitätswettbewerb

Im Novitätswettbewerb, der zusammen mit dem Rationalisierungswettbewerb[4] Angebot und Nachfrage gestaltet, werden neue Produkte kreiert und Qualitäten vorhandener Produkte verbessert.

Begründen Unternehmen durch ein völlig neues Produkt einen neuen Markt, so gewinnen sie ein prozessuales Leistungsmonopol. Sie erzielen an dem von ihnen geschaffenen Markt zunächst prozessuale Monopolgewinne, die mit permanenten Monopolgewinnen nicht oder jedenfalls nur sehr bedingt vergleichbar sind. Denn im Gegensatz zu Machtmonopolen stehen Leistungsmonopole infolge ihrer relativ kurzen Lebensdauer vor besonderen unternehmerischen Aufgaben. Sie können sich nicht wie permanente Machtmonopole verhalten, weil sie damit rechnen müssen, daß ein Nachahmerwettbewerb entsteht, der ihre Monopolstellung beendet. Sie stehen daher von Anfang an unter einem „potentiellen Konkurrenzdruck", der sie zwingt, auf eine Gewinnmaximierung zu verzichten und sich stattdessen durch Qualitäts-, Rationalisierungs- und Preispolitik auf das Auftreten von Nachahmern vorzubereiten. Sie werden andererseits im Falle eines Erfolges feststellen, daß ihre Produktionsanlagen viel zu klein sind.[5] Sie werden infolgedessen, wenn sie sich endgültig durchsetzen wollen, ihre Gewinne nicht ausschütten resp. konsumieren, sondern investieren, d. h. zur Erweiterung und zur Rationalisierung ihrer Anlagen sowie zur qualitativen Verbesserung ihrer Produkte verwenden. Sie betreiben also trotz ihrer Monopolstellung *Unternehmenspolitik*.

Unternehmen, die vorhandene Produkte verbessern, erzielen keine Monopolgewinne, sondern bestenfalls prozessuale Differentialrenten. Weil sie mit anderen Firmen im Wettbewerb stehen, verbessern sie ihre Produkte aus zwei Gründen:

---

[4] *Schumpeter* hat nicht zwischen Novitäts- und Rationalisierungswettbewerb unterschieden — trotz ihrer unterschiedlichen Wirkungen. — Zum Qualitätswettbewerb s. auch *Abbott* (1958).
[5] Es ist nicht einmal notwendig, daß sich Kosten- und Absatzkurve schneiden, wie Figur 1 zeigt, in der die dritte Achse i die zunächst gegebene Kapazität I anzeigt. Diese Feststellung bleibt auch dann interessant, wenn — wie wir wissen — die Kosten in sozialökonomischen Prozessen nur von sekundärer Bedeutung sind. Frage: Warum schneidet die Absatzkurve V die Kostenkurven nicht? Antwort: weil in sozialökonomischen Prozessen Kapazitä-

2. Leistungswettbewerb umfaßt Preis-, Qualitäts- u. Entwicklungsprozesse

1. um sich vor ihren Konkurrenten einen Qualitätsvorsprung zu sichern. Dies ist z. B. der Fall, wenn ein Automobilkonzern als erstes Unternehmen am Automarkt Kraftwagen mit Allrad-Antrieb anbietet.
2. um den Vorsprung eines Konkurrenten einzuholen. Dies ist der Fall, wenn im weiteren Verlauf des Novitätsprozesses auch andere Firmen mit Allrad-Modellen auf den Bedarfsmarkt kommen.

Wer sich vor seinen Konkurrenten einen Vorsprung sichert, erzielt — normalerweise wenigstens — prozessuale Differentialgewinne. Wer einen Rückstand aufholt, vermeidet Verluste und kann, wenn er Glück hat, einen Gewinn in früherer (oder gar noch größerer) Höhe aufweisen. Eine Tendenz zum Gleichgewicht ergibt sich im Verlauf von Novitätsprozessen gemeinhin nicht. Weil hier, zumindest wenn die Konkurrenten agil sind, jeder Wettbewerbsvorstoß eines Unternehmens entsprechende Novitätsinvestitionen bei anderen Unternehmen auslöst, *verwandelt sich der Novitätswettbewerb in einen fortlaufenden Prozeß. Er perpetuiert sich gleichsam.*[6]

Ohne diesen andauernden und durch Vorstöße und Nachziehen immer wieder neu belebten Novitätswettbewerb wäre die Entwicklung seit *François Quesnay's* „Tableau Economique" (1758) völlig anders verlaufen. Statt der neuen Märkte für Fahrräder, Glühlampen, Fernseher

---

ten nicht unendlich, sondern — wie alles auf Erden — *begrenzt* sind. Vgl. *Arndt* (1979 und 1984 a, jeweils 5. Kapitel).

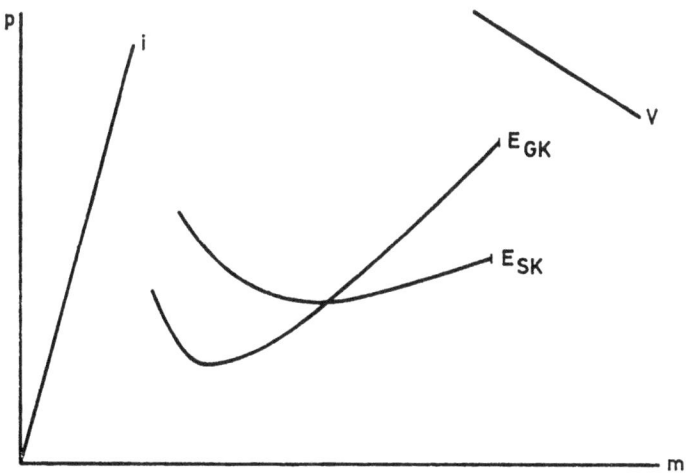

Figur 1

[6] Vgl. hierzu den Versuch einer graphischen Darstellung in *Arndt* (1952, S. 42 Figur 2).

u. dgl. würde es noch (fast) unverändert die Märkte geben, die bereits zu Quesnay's Zeit bestanden. Es würden unentwegt die gleichen Güterarten (und Dienste) im volkswirtschaftlichen Güterkreislauf zirkulieren. Seit Beginn der „industriellen Revolution" oder, genauer gesagt, seit Entfesselung des Leistungswettbewerbs ist jedoch anstelle des Kreislaufs die *Gestaltung des Angebots durch neue Güter und die hierdurch bedingte Entwicklung der Nachfrage durch die Entstehung neuen Bedarfs* zum entscheidenden Merkmal marktwirtschaftlichen Geschehens geworden.

Der Novitätswettbewerb, der neue Produkte und Produktqualitäten kreiert und damit zugleich neue Bedürfnisse weckt, intensiviert zugleich den Qualitätswettbewerb. Je mehr Novitäten von Unternehmen herausgebracht werden, desto größer ist die Zahl der Waren, zwischen denen die Nachfrager wählen können. Bezieht man nun auch noch die Preise ein, so ergibt sich ein kombinierter *Novitäts-Qualitäts-Preiswettbewerb*.

Von dem Druck des Novitätswettbewerbs bleiben selbst jene Staaten nicht unberührt, deren Wirtschaftsordnungen, wie in den Ostblockstaaten, nach dem Prinzip eines stationären Kreislaufs konstruiert sind. Derartige Volkswirtschaften sind zwar, wie das Beispiel der Sowjetunion zeigt, im Konsumgüterbereich nicht gerade besonders kreativ. Kombinate wie volkseigene Betriebe neigen dazu, Jahr für Jahr die gleichen Waren in gleicher Qualität (und in gleicher Art und Weise) herzustellen (woran bisher auch der „sozialistische Wettbewerb" noch nicht allzu viel geändert hat). Aber die Kontakte mit den Marktwirtschaften wirken anregend, lassen auch bei diesen Völkern neue Bedürfnisse entstehen, und machen es zur gleichen Zeit möglich, diesen Bedarf durch Imitation von Gütern zu befriedigen, die in westlichen Marktwirtschaften kreiert worden sind. So werden in der Sowjetunion Elektrorasierer europäischen Vorbildern nachgebaut und ganze Automobilfabriken aus dem marktwirtschaftlich organisierten Ausland importiert.

IV. Rationalisierungswettbewerb

Im Rationalisierungswettbewerb setzen Unternehmen leistungsfähigere Produktionsverfahren ein, um die Produktivität ihrer Anlagen zu erhöhen und sich dadurch im Wettbewerb einen Kostenvorsprung zu verschaffen. Sie erhalten hierdurch eine prozessuale Differentialrente, aber auch die Möglichkeit, ihre Preise zu senken, um ihren Absatz zu erhöhen. Der Preiswettbewerb wird hierdurch intensiviert.

Im Verlauf des sozialökonomischen Prozesses des Leistungswettbewerbs bleibt der Rationalisierungsvorsprung nicht erhalten, weil die rückständig gewordenen Unternehmen mit der Modernisierung nicht nur nachziehen, sondern nach Möglichkeit versuchen, noch rationeller zu produzieren. Indem das eine Unternehmen das andere zu übertreffen trachtet, perpetuiert sich der Rationalisierungswettbewerb in ähnlicher Weise wie der Novitätswettbewerb, wobei der Preiswettbewerb immer wieder ein Abschmelzen der prozessualen Gewinne erzwingt, die im Rationalisierungswettbewerb gewonnen werden. Ebenso tragen die Gewerkschaften zu einer Verringerung der Rationalisierungsgewinne bei, indem sie eine Erhöhung ihrer Löhne durchsetzen. *In einer Wirtschaftsgesellschaft, in der die Macht zwischen den Sozialpartnern relativ gleichmäßig verteilt ist, wachsen mit dem Rationalisierungswettbewerb die Realeinkommen der arbeitenden Bevölkerung.* Dieser Anstieg der Realeinkommen hat zwei Gründe. Er basiert auf dem Preiseffekt, wenn und soweit der Rationalisierungswettbewerb zu niedrigeren Preisen führt, was freilich in Inflationszeiten nicht sichtbar wird. Und er beruht auf einer Erhöhung der Löhne, wenn und soweit diese mit der Arbeitsproduktivität steigen. Der rasante Anstieg der realen Arbeitseinkommen, der sich besonders nach dem Zweiten Weltkrieg in den westlichen Industrieländern beobachten läßt, ist ohne diesen Einkommenseffekt des Rationalisierungswettbewerbs nicht zu erklären.

Im Leistungswettbewerb ergänzen sich die ökonomischen Wirkungen, die von Novitäts- und Rationalisierungsinvestitionen ausgehen. Novitäten, wie seinerzeit das Fahrrad oder das Auto, rufen neue ökonomische Bedürfnisse hervor, während Rationalisierungsinvestitionen jenen Anstieg der Realeinkommen bewirken, der die Befriedigung dieses zusätzlichen Bedarfs finanziell möglich macht.

Bei gleicher Machtverteilung entwickeln sich Angebot und Nachfrage parallel.[7] Verharren hingegen — wie im vorigen Jahrhundert — die Realeinkommen eines großen Teils der Bevölkerung trotz steigender Produktivität auf dem gleichen niedrigen Stand, so bleiben neue Industrieprodukte wie das Auto den Reichen vorbehalten. Steigen jedoch, wie in unseren Tagen, die Realeinkommen der arbeitenden Bevölkerung entsprechend der Arbeitsproduktivität, so wird es zunächst den Facharbeitern und im weiteren Verlauf auch den unqualifizierten Arbeitskräften (und zuletzt sogar den Lehrlingen) möglich, sich ein Auto zu leisten. Wie die Geschichte des Kraftwagens zeigt, so bemerkt schon *Arthur C. Pigou*, kommen selbst Neuerungen, die ursprünglich allein für den Luxus der Reichen gedacht waren, nach einiger Zeit auch dem Komfort der anderen Schichten zugute.

Pigou erwähnt allerdings nicht, daß diese Entwicklung die Folge jener sozialökonomischen Prozesse ist, die sich als Novitäts- und Ratio-

---

[7] Sofern der technische Fortschritt nicht in Sprüngen verläuft. Vgl. hierzu *Arndt* (1985 b, S. 835 ff., insb. S. 843 f.).

II. Teil: Der Leistungswettbewerb

nalisierungswettbewerb im „Entwicklungswettbewerb" vereinen. Länder, die mit dem Leistungswettbewerb zugleich den Entwicklungswettbewerb durch das von ihnen gewählte Wirtschaftssystem ausschließen, werden an dieser Entwicklung nur insofern beteiligt, als sie neue Konsum- und leistungsfähigere Kapitalgüter nachahmen, die in Marktwirtschaften kreiert worden sind. Gäbe es in der ganzen Welt keine marktwirtschaftlich organisierten Länder mehr, in denen Leistungswettbewerb noch existiert, die wirtschaftliche Entwicklung wäre wieder, wie im Altertum oder im Mittelalter, auf ein Minimum reduziert und die Armut damit zu einem Verteilungsproblem nach den Vorstellungen der Wohlstandsökonomie geworden.

Eine Übersicht über die sozialökonomischen Prozesse, aus denen sich der Leistungswettbewerb zusammensetzt, gibt Tafel 5.

Tafel 5: Die sozialökonomischen Prozesse des Leistungswettbewerbs

1. *Preiswettbewerb* ist ein sozialökonomischer Prozeß, in dem die Unternehmen die Preise als Mittel des Wettbewerbs verwenden. Im Preiswettbewerb haben Knappheitspreise die Funktion, das Angebot auf die Nachfrage abzustimmen[8] und prozessuale Gewinne der Unternehmen aus den Preisen zu eliminieren.

2. *Qualitätswettbewerb* ist ein sozialökonomischer Prozeß, in dem die Qualitäten den einerseits differenzierten und andererseits im Zeitablauf wechselnden Wünschen der Nachfrager angepaßt werden. Qualität wie Differenzierung der Produkte nimmt mit der Intensität des Qualitätswettbewerbs und mit wachsendem Wohlstand zu.

3. *Novitätswettbewerb* ist ein sozialökonomischer Prozeß, in dem neue Produkte und Produktqualitäten als Mittel des Wettbewerbs eingesetzt werden. Novitäten wecken neue Bedürfnisse und damit zusätzlichen Bedarf und erhöhen infolgedessen die Nachfrage. Dies gilt adäquat auch für die Nachfrage der Unternehmen.

4. *Rationalisierungswettbewerb* ist ein sozialökonomischer Prozeß, in dem die Unternehmen leistungsfähigere Produktionsverfahren *verwenden**, um sich vor ihren Konkurrenten einen Kostenvorsprung zu verschaffen oder um einen Kostenvorsprung ihrer

* Zwischen dem Verwendungs- und dem Nachfrageeffekt ist bei Investitionsgütern streng zu unterscheiden.

[8] Andernfalls sind die Nachfrager gezwungen, sich dem Angebot anzupassen.

2. Leistungswettbewerb umfaßt Preis-, Qualitäts- u. Entwicklungsprozesse 71

Konkurrenz aufzuholen. Rationalisierungsinvestitionen steigern die Produktivität. Sie erhöhen dadurch das potentielle Angebot und ermöglichen gleichzeitig eine Steigerung der Realeinkommen der privaten Haushalte.

5. *Entwicklungswettbewerb* entsteht aus einem Zusammenspiel von Novitäts- und Rationalisierungswettbewerb, wobei die Steigerung der Nachfrage durch Novitäten der Steigerung des Angebots mittels Rationalisierungsinvestitionen entspricht, wenn die Macht zwischen den Wirtschaftern gleichmäßig verteilt ist (und keine technischen Sprünge auftreten).

6. *Leistungswettbewerb* ist somit ein sozialökonomischer Prozeß, der Preis-, Qualitäts- und Entwicklungswettbewerb im Interesse einer quantitativen und qualitativen Verbesserung der Bedarfsdeckung zu einer Einheit integriert.

> In Wirklichkeit stehen jedoch dem Monopolisten überlegene Methoden zur Verfügung.
>
> Joseph A. Schumpeter

3. Prozessuale Leistungsmonopole sind mit Leistungswettbewerb vereinbar, permanente Machtmonopole hingegen nicht

Monopole sind sozialökonomische Phänomene. Sie sind daher nicht auf zeit- und raumlosen Punktmärkten zu finden, auf denen unterschiedslose Produkte getauscht werden. Sie beherrschen vielmehr Bedarfsmärkte, die der Befriedigung eines *gesellschaftlichen* Bedarfs, z. B. nach Stahl oder Automobilen, gewidmet sind, und auf denen inferiore und superiore Qualitäten des gleichen Bedarfsgutes angeboten werden. Infolgedessen ist die von Piero Sraffa und Chamberlin vorgetragene These, nach der jeder Unterschied im Produkt eine Monopolstellung begründet, eine *Verwechslung von Produktdifferenzierung und Marktbeherrschung.* Hätten Sraffa und Chamberlin recht, so hätte jedes Schuhgeschäft (selbst wenn man den Zeitfaktor außer acht läßt), ebenso viele Monopole, wie es unterschiedliche Schuhgrößen und Schuhmodelle anbietet, was offenkundig unsinnig ist.

Die Kreislauftheorie verwischt nicht nur den Unterschied zwischen Produktdifferenzierung und Marktbeherrschung, sondern eliminiert auch einen Unterschied, der für die Analyse des sozialökonomischen Prozesses des Leistungswettbewerbs von fundamentaler Bedeutung ist: nämlich *den Unterschied zwischen prozessualen Leistungsmonopolen, die neue Märkte begründen, und den permanenten Machtmonopolen, die den Wettbewerb an bestehenden Bedarfsmärkten ausgeschlossen haben.*[9] Die Konstitution eines neuen Bedarfsmarkts, an dem der kreative Unternehmer vorübergehend ein Monopol besitzt, und der Ausschluß des Wettbewerbs an einem vorhandenen Markt sind ökonomisch *zwei verschiedene Tatbestände,* was Schumpeter ebenso wie die Neoklassik übersieht.[10]

---

[9] Vgl. hierzu mein Statement in *U.S.-Senate* (1968, S. 3486 ff.).
[10] *Schumpeter* (1946, 8. Kapitel), siehe auch *Haberler* (1981, S. 14 ff.).

3. Prozessuale Monopole sind mit Leistungswettbewerb vereinbar 73

I.

Prozessuale Leistungsmonopole sind ein Produkt des Wettbewerbs. Sie entstehen im Verlauf des Novitätswettbewerbs stets dann, wenn ein schöpferisches Unternehmen einen neuen Bedarfsmarkt gründet, auf dem es infolge seines Patentes oder seines Fabrikationsgeheimnisses zunächst der einzige Anbieter ist. Da die Produktionskapazität des schöpferischen Unternehmens begrenzt ist, ist jede Ware, die einen neuen Bedarf hervorruft, in der ersten Phase ihrer Existenz ein Seltenheitsgut. Erst die nachahmenden Unternehmen machen das Gut „beliebig reproduzierbar" und stellen zugleich den Preis- und Qualitätswettbewerb auf dem neuen Bedarfsmarkt her.

Prozessuale Leistungsmonopole entstehen und vergehen im sozialökonomischen Prozeß des Wettbewerbs. Sie sind ihrer Art nach vorübergehende Erscheinungen, weil sie durch den „Wettbewerb der Nachahmer" abgetragen werden, der durch die auf dem neuen Bedarfsmarkt zu erzielenden Gewinne angelockt wird. Da die prozessualen Leistungsmonopole mit diesem Wettbewerb rechnen müssen, auch wenn er zunächst nur potentiell vorhanden ist, können sie sich von vornherein nicht wie ein zeitloses Gleichgewichtsmonopol der neoklassischen Theorie verhalten. Sie werden sich daher praktisch von Anbeginn um ihre Kunden kümmern, Unternehmenspolitik einschließlich Preis- und Qualitätspolitik betreiben und für weitere Entwicklungen aufgeschlossen sein, um auch künftig im Novitäts- und Rationalisierungswettbewerb mithalten zu können.

Prozessuale Leistungsmonopole haben eine spezifische Wettbewerbsfunktion: Die Erwartung prozessualer Monopolgewinne ist eine entscheidende Ursache für das Entstehen von Entwicklungswettbewerb.

II.

Permanente Machtmonopole schließen den Wettbewerb an den von ihnen beherrschten Bedarfsmärkten aus. Sie dominieren nicht eine Volkswirtschaft, sondern einen Bedarfsmarkt, der in Zeit und Raum existiert und der Deckung eines differenzierten Bedarfs (z. B. nach Diamanten oder Eisen) gewidmet ist, so daß es auf ihm stets inferiore und superiore Güter (wie Industrie- oder Schmuckdiamanten, Diamanten mit oder ohne Einschuß usw.), wie überhaupt unterschiedliche Qualitäten gibt.

Permanente Machtmonopole sind daher auch nicht absolut, wie die Neoklassik ursprünglich annahm, sondern, wie Piero Sraffa, Joan Robinson und Chamberlin feststellten, in den Substitutionswettbewerb von Drittmärkten eingebettet *(relative Monopole)*. Sie unterliegen auch keinem Mechanismus, bei dem die (angebotene und simultan verkaufte) Menge an Gütern „a single-valued function of the price" und der Preis „a single-valued function of quantity" ist, wie Henderson und Quandt in ihrer „Microeconomic Theory" behaupten.[11] Wenn ein Kohlensyndikat den Preis heraufsetzt, ohne gleichzeitig die Ausbringung zu beschränken, entstehen unverkäufliche Kohlenhalden, und wenn ein Monopol die Menge reduziert, ohne den Preis zu erhöhen, ergibt sich ein Nachfrageüberschuß, der in Gestalt von Menschenschlangen vor den Läden sichtbar wird, wie sich in Staatswirtschaften und auch in Entwicklungsländern beobachten läßt. Jedes Monopol muß daher sowohl über die Menge, die es produziert, wie über den Preis, den es verlangt, eine besondere Entscheidung treffen.

Permanente Machtmonopole verfügen wie jedes Unternehmen, das in Zeit und Raum eingebettet ist, nicht nur über die Aktionsparameter Preis und Menge.[12] Sie können jedoch ihre Aktionsparameter anders als Konkurrenten einsetzen, weil sie weder in den Qualitäts- noch in den Entwicklungswettbewerb eingebettet sind. Sie können erstens infolge des fehlenden Qualitätswettbewerbs ihre Produkte (z. B. Autos) vereinfachen, inferiore Qualitäten offerieren, die Haltbarkeit ihrer Erzeugnisse herabsetzen und ihre Angebotspalette und damit die Produktdifferenzierung verringern, womit sie genau das Gegenteil von dem tun, was ihnen die herrschende Lehre mit Edward H. Chamberlin unterstellt. Und sie können zweitens, weil sie an ihrem Bedarfsmarkt keinen Entwicklungswettbewerb mehr zu befürchten haben, die Kosten sparen, die sich aus dem technisch bedingten Veralten von Maschinen, aus den Ausgaben für Forschung und Entwicklung sowie aus den mit neuen Entwicklungen verbundenen Risiken ergeben.

Permanente Machtmonopole können endlich (sofern sie nicht vom Staat für illegal erklärt werden) ihre Kunden zu einer höheren (und Monopsone ihre Anbieter zu einer niedrigeren) *Bewertung* der am Bedarfsmarkt gehandelten Produkte veranlassen. Wie Gläubiger ihre im Augenblick illiquiden Schuldner durch Vorlage fälliger Wechsel zu außergewöhnlichen Zugeständnissen zwingen oder Automobilfirmen von ihnen abhängige Händler mit der Kündigungsdrohung zur Abnahme veralteter und nur noch mit Verlust verkäuflicher Modelle zum vollen Listenpreis veranlassen[13], so sind auch Monopolisten in der Lage, bei ihren Geschäftspartnern *Sonderbedingungen* durchzusetzen. Wie

---

[11] Vgl. *Henderson* und *Quandt* (1980, S. 209); hierzu kritisch *Arndt* (1984 a, 4. Kapitel, insb. S. 91); siehe vor allem auch *Reekie* (1984, S. 42 ff.) und *Appels* (1986, S. 247).

[12] Vgl. hierzu *Arndt* (1979 und 1984 a, jeweils 6. Kapitel).

[13] Wie dies in den USA vor Erlaß des „Automobile Dealer Franchise Act" beobachtet werden konnte.

3. Prozessuale Monopole sind mit Leistungswettbewerb vereinbar 75

der momentan zahlungsunfähige Wechselschuldner auf den guten Willen des Inhabers der Wechsel oder die Händler von Ford oder General Motors *auf die Fortsetzung der Geschäftsbeziehungen angewiesen sind,* so besitzen auch die Partner eines Monopols innerhalb des gleichen Bedarfsmarktes keine Ausweichmöglichkeit: Sie sind an diesem Markt der Willkür dieses Lieferanten ausgeliefert. *Ihre Wettbewerbsfreiheit — und damit ihre freie Willensentscheidung — ist eingeschränkt, wenn und soweit sie den Weisungen ihres Partners zu folgen haben.*[14]

Permanente Machtmonopole, die an ihrem Bedarfsmarkt keinem Wettbewerb mehr ausgesetzt sind, besitzen somit im Augenblick ihrer Entstehung sechs Möglichkeiten der Gewinnmaximierung:

1. *Erhöhung der Preise bei gleichzeitiger Verknappung des Angebotes,* wie dies z. B. die OPEC versucht hat,

2. *Verschlechterung der Qualität,* um die Stückkosten zu senken,

3. *Verringerung der Produktdifferenzierung,* weil sie auf individuelle Kundenwünsche keine Rücksicht mehr zu nehmen brauchen[15], was ebenfalls zur Einsparung von Kosten führt,

4. *Reduzierung der Haltbarkeit* ihrer Produkte, wodurch sich — wie seinerzeit beim internationalen Glühlampenkartell Phoenix — der Absatz erhöhen, wenn nicht gar vervielfachen läßt,

---

[14] Ein *Monopson* läßt sich ohne Einbeziehung erzwungener Umwertungen überhaupt nicht erklären. Die Neoklassik weicht der Problematik aus, indem sie das Monopson mit einem Konsumenten identifiziert, der sich nach seinem Genuß resp. seinem Grenzvorteil richtet und seinen Gesamtgenuß dadurch maximiert, daß er seine Käufe einschränkt und dadurch einen niedrigeren Einkaufspreis erzielt. In der Realität sind es jedoch keine Letztverbraucher, sondern (außer öffentlichen Unternehmen wie der Post) *private Unternehmen,* die Nachfragemonopole besitzen, und die Gewinne dieser Unternehmen hängen keineswegs allein von ihrem Einkauf, sondern auch — und vor allem — von ihrem *Absatz* ab. Ein Warenhaus, das seine Einkäufe reduziert, wenn es eine Senkung seiner Einkaufspreise erzwingt, verhält sich ebenso irrational wie ein Automobilfabrikant, der weniger Autoreifen bezieht, weil er sie billiger als vorher einkaufen kann. Das Unternehmensmonopson läßt sich nur erklären, wenn man die *Verhandlungsmacht* berücksichtigt, die ein Allein-Nachfrager an einem Bedarfsmarkt besitzt. Sobald nämlich Lieferanten merken, daß ihr Absatz an diesem Markt ausschließlich von diesem einen Kunden abhängt, und spüren, daß dieser Kunde zwischen ihnen wählen und sie damit gegeneinander ausspielen kann, bleibt ihnen gar nichts anderes übrig, als auf seine Wünsche einzugehen, — sofern nicht der Staat jede Art von Marktbeherrschung für illegal erklärt und dadurch einen derartigen Einsatz von Marktmacht unmöglich macht.

[15] Die neoklassische Doktrin, nach der sich Konkurrenten auf das Angebot homogener Produkte beschränken (und nur Monopole Produktdifferenzierung betreiben), verkennt die *Wirkungen des Qualitätswettbewerbs* (wie die Rücksichtslosigkeit eines Monopols, das auf individuelle Kundenwünsche nicht einzugehen braucht).

5. *Verzicht auf eine Weiterentwicklung* ihrer Produkte, soweit die sich hierbei ergebenden Vorteile nicht ihnen, sondern ihren Kunden zugute kommen, sowie durch eine Verlangsamung der Rationalisierung, womit die durch technisch bedingtes „obsolet" werden von Betriebsanlagen entstehenden Abschreibungsverluste entfallen[16],

6. *Spürbarmachung ihrer Monopolstellung,* um Abnehmer zu einer Höherbewertung ihrer Produkte zu veranlassen. Wie ein Unternehmen, das über Anbietermacht verfügt, kann auch ein Monopolist seine Partner fühlen lassen, daß sie auf ihn angewiesen resp. von ihm abhängig sind (soweit dies die staatlichen Gesetze gegen Wettbewerbsbeschränkungen zulassen).

Da permanente Machtmonopole nicht wie prozessuale Leistungsmonopole unter einem *potentiellen* Wettbewerbsdruck stehen, auch nicht wie diese durch den Nachahmerwettbewerb abgelöst werden, sind sie grundsätzlich entwicklungsfeindlich, was Schumpeter verkennt, weil er nicht zwischen prozessualen Leistungsmonopolen und permanenten Machtmonopolen unterscheidet.[17] Machtmonopole produzieren — wie die Kombinate in der Sowjetunion — *die gleichen Produkte unentwegt* (oder kaum verändert) weiter, wie dies den Voraussetzungen der Kreislauftheorie entspricht.

Diese Entwicklungsfeindlichkeit permanenter Machtmonopole gilt freilich für Rationalisierungsinvestitionen nur beschränkt, weil die hierdurch erzielbaren Kostensenkungen auch den Gewinn eines Machtmonopols erhöhen. Trotzdem ergibt sich bei Machtmonopolen aus mehreren Gründen ein *Rationalisierungsdefizit:* 1. Es sind keine Wettbewerber vorhanden, denen gegenüber ein Machtmonopol ins Hintertreffen geraten kann (fehlender Vorreiterwettbewerb); 2. Es sind am gleichen Bedarfsmarkt keine Unternehmen vorhanden, deren Rationalisierungsmaßnahmen imitiert werden können (fehlender Nachahmerwettbewerb); 3. Machtmonopole verfügen über einfachere Mittel der Kostensenkung (z. B. durch Verschlechterung der Qualität infolge fehlenden Qualitätswettbewerbs); 4. Endlich sind die vorhandenen Gewinne bereits so hoch, daß weitere Anstrengungen als überflüssig erscheinen.

Die *Substitutionskonkurrenz* von Drittmärkten (einschließlich anderer Länder) schränkt freilich den Willkürbereich eines (permanenten) Monopolisten ein. Ähnlich wie Staatswirtschaften, die mit Marktwirt-

---

[16] Einem Monopson stehen weniger Möglichkeiten zur Verfügung, was sie jedoch — wie die Nachfragemonopole der kolonialen Handelskompanien zeigen — darum nicht weniger gefährlich macht.

[17] *Schumpeter* (1946, 8. Kapitel).

3. Prozessuale Monopole sind mit Leistungswettbewerb vereinbar

schaften Handel treiben, können sich Machtmonopole nicht völlig von den sozialökonomischen Prozessen abkapseln, die sich auf anderen Bedarfsmärkten vollziehen. Selbst die deutsche Post ist trotz ihres nationalen Monopols zur automatischen Selbstbedienung und zum Angebot moderner Telefonapparate übergegangen. Es läßt sich daher feststellen: Je stärker die Substitutionskonkurrenz ist, desto weniger ist ein Machtmonopol in der Lage, sich dem Preiswettbewerb, dem Qualitätswettbewerb und dem Entwicklungswettbewerb zu entziehen, dem es von Drittmärkten oder anderen Ländern ausgesetzt ist.

III.

Sieht man von der Wirksamkeit der Substitutionskonkurrenz ab (die nur von sekundärer Bedeutung ist), so ergeben sich folgende elementare Unterschiede zwischen prozessualen Leistungs- und permanenten Machtmonopolen:

1. Prozessuale Leistungsmonopole entstehen im Novitätswettbewerb und werden durch den Nachahmerwettbewerb abgebaut. — Permanente Machtmonopole schließen an den von ihnen beherrschten Bedarfsmärkten den sozialökonomischen Prozeß des Leistungswettbewerbs aus.

2. Prozessuale Leistungsmonopole bewirken durch die Entwicklung neuer Konsum- und Kapitalgüter eine quantitative wie qualitative Verbesserung der Bedarfsdeckung und eine Erhöhung der Realeinkommen. — Permanente Machtmonopole sind hingegen grundsätzlich entwicklungsfeindlich. Durch Erhöhung ihrer Profite und Verschlechterung ihres Angebots senken sie die volkswirtschaftliche Bedarfsdeckung ebenso wie die Realeinkommen der Bevölkerung.

Die sozialökonomischen Wirkungen von prozessualen Leistungs- und permanenten Machtmonopolen sind daher entgegengesetzt (was Schumpeter verkennt). Obschon es sich in beiden Fällen um Monopole handelt, sind es unvereinbare Gegensätze. Hieraus ergibt sich eine für Antitrust- und Kartellbehörden wichtige Erkenntnis: Eine Bekämpfung prozessualer Leistungsmonopole (z. B. durch Abschöpfung von Gewinnen u. dgl.) lähmt den sozial-ökonomischen Prozeß des Leistungswettbewerbs. Die Bekämpfung von permanenten Machtmonopolen dient dagegen seiner Erhaltung.

IV.

Die bisherigen Überlegungen zeigen zugleich, daß eine Theorie vom Marktversagen, die alle neoklassischen „Marktformen" einbezieht, die marktwirtschaftliche Problematik grundsätzlich verkennt.[18] Diese Theorie übersieht, daß 1. die Marktwirtschaft aus Prozessen und nicht aus Gleichgewichtslagen besteht, auch wenn diese irreführender Weise als „Marktformen" bezeichnet werden, und daß 2. die *Funktionsfähigkeit der Marktwirtschaft* von den sich in ihr abspielenden Wettbewerbsprozessen abhängt und *stets dort endet, wo der Machtbereich permanenter Monopole beginnt.* Das Baukastenspiel mit den sog. Marktformen hat die Analyse der Marktwirtschaft nicht erleichtert, sondern verhindert, was nicht zuletzt auch darauf zurückzuführen ist, daß die Marktformenlehre zwischen den *prozessualen* Leistungsmonopolen, die im Entwicklungswettbewerb auftreten, und den *permanenten* Machtmonopolen, die den Wettbewerb beenden, überhaupt nicht unterscheidet.

Die volle Funktionsfähigkeit der Marktwirtschaft setzt voraus, daß sie ausschließlich nach dem Wettbewerbsprinzip arbeitet und in ihr nicht allein Preiswettbewerb, sondern auch Anpassungs- und Entwicklungswettbewerb uneingeschränkt wirksam sind: *Marktwirtschaft gibt es nicht ohne die Anpassungs- und Entwicklungsprozesse, die dem Leistungswettbewerb eigentümlich sind.*

---

[18] Vgl. u. a. *Krause-Junk* (1974). Wer Monopole in der Marktwirtschaft ansiedelt, verwechselt die Wirtschaftsordnung, die nach dem Prinzip des Leistungswettbewerbs arbeitet, mit *Euckens* Begriff der *„Verkehrswirtschaft"*, in der alle „Marktformen" möglich sind. Andererseits hat die Marktwirtschaft aber auch nichts mit einer „reinen Wettbewerbsgesellschaft" im Sinne von Franz Böhms „Privatrechtsgesellschaft" zu tun, in der es keine wirtschaftliche Entwicklung und streng genommen auch keine Anpassungsprozesse gibt, weil für Böhm und andere Vertreter der Eucken-Schule das Gleichgewicht der „vollkommenen Konkurrenz" ein wirtschaftliches Ideal ist. Vgl. *Böhm* (1950, insb. S. 27 ff.), kritisch *Arndt* (1976, S. 15 ff.), *Schiller* (1986, S. 4).

> I shall here not go into the familiar paradox of the paralyzing effect really perfect knowledge and foresight would have on all action.
>
> Friedrich A. Hayek

4. Der Leistungswettbewerb erfüllt volkswirtschaftliche Funktionen im Interesse der Wirtschafter

Der sozialökonomische Prozeß des Leistungswettbewerbs erfüllt in einer Marktwirtschaft Funktionen, die in einer nach dem Kreislaufprinzip konstruierten Wirtschaftsordnung, wie sie in den Ostblockstaaten besteht, von der staatlichen Bürokratie oder überhaupt nicht wahrgenommen werden.

Zu diesen Funktionen, die von den Entscheidungen der Unternehmen wie der Haushalte gesteuert werden, gehören:

1. Die *Anpassungsfunktion:* Die den Wettbewerbsprozessen eigentümlichen Knappheitspreise passen das Angebot quantitativen wie qualitativen Änderungen der Nachfrage an. Die in Käufermärkten ebenso wie bei schrumpfenden Märkten auftretenden Verluste veranlassen die Anbieter zur Reduzierung ihrer Produktion und darüber hinaus zu Desinvestitionen. In Verkäufermärkten regen ebenso wie bei wachsenden Märkten die hier entstehenden prozessualen Knappheitsgewinne zur Produktionsausdehnung und zu Betriebserweiterungen an. Auf der Anpassungsfunktion beruhen daher die sog. „*Selbstheilungskräfte*", die der Marktwirtschaft nicht zu Unrecht nachgesagt werden, sich aber nur bei funktionierendem Preis- und Qualitätswettbewerb beobachten lassen, in dem auch die im Entwicklungswettbewerb entstehenden prozessualen Leistungsgewinne wieder abgebaut werden.

2. Die *Entwicklungsfunktion:* Wird die Entstehung neuer Bedarfsmärkte mit prozessualen Monopolgewinnen, und die Verbesserung von Produktqualitäten wie die Senkung von Produktionskosten mittels des Einsatzes leistungsfähiger Produktionsverfahren durch prozessuale Differentialgewinne belohnt, so verlockt dies Unternehmen dazu, bessere oder gänzlich neue Produkte herauszubringen und leistungsfähigere Produktionsmethoden einzusetzen. Der Wettbewerb sorgt dann dafür, daß diese kreativen Prozesse, wenn sie erst einmal angestoßen worden sind, auch in Zukunft weiterlaufen *(Perpetuierung des Novitäts- und Rationalisierungswettbewerbs).* Die hohen Gewinne auf neuen

Märkten locken nachahmende Unternehmen an, deren Konkurrenz die Preise zu den Produktionskosten tendieren läßt, so daß sich weitere prozessuale Gewinne nur durch neue Kreationen oder den Einsatz leistungsfähigerer Herstellungsverfahren erzielen lassen. Andererseits geraten Unternehmen, die sich an diesem Wettbewerb nicht beteiligen, schnell in Rückstand und laufen Gefahr, auszuscheiden. Sie werden daher, um ihrer Selbsterhaltung willen, dazu getrieben, ihre Produkte ebenfalls zu verbessern resp. ihre Kosten gleichfalls zu senken — und zwar möglichst in einem Umfang, der jetzt ihnen einen Vorsprung im Wettbewerb einbringt.

Das Angebot neuer und besserer Waren hat andere Wirkungen als der Einsatz leistungsfähigerer Produktionsverfahren. Der Novitätswettbewerb kreiert neue Bedürfnisse bei den Haushalten und konstituiert neuen Investitionsbedarf bei den Unternehmen und erhöht daher — potentiell — die Nachfrage. Der Rationalisierungswettbewerb steigert die Produktivität und erhöht hierdurch das — potentielle — Angebot und die Pro-Kopf-Realeinkommen. Gleichen sich diese „Entwicklungskräfte" aus, so wachsen die Realeinkommen im gleichen Tempo wie der Bedarf: Die Entwicklung der Nachfrage gleicht die Entwicklung des Angebotes aus (wenn und sofern die Macht zwischen den Wirtschaftern gleichmäßig verteilt ist).

3. Die *Verteilungsfunktion:* Der ökonomische Prozeß des Leistungswettbewerbs verteilt das Sozialprodukt nach der Knappheit, die — wie beim Knappheitspreis — Maßstab ökonomischer Leistung ist.[19] Jeder Wirtschafter, gleichgültig ob selbständig oder unselbständig, partizipiert am Sozialprodukt in dem Umfang, in dem er — gemessen am Maßstab der Knappheit — zu dessen Erstellung beigetragen hat (sog. *Leistungsprinzip*, das seiner Einseitigkeit wegen durch das soziale Bedürftigkeitsprinzip zu ergänzen ist). Produktionsfaktoren, die besonders knapp sind, werden dementsprechend hoch, und Produktionsfaktoren, die reichlicher vorhanden sind, niedriger bewertet. Die Löhne sind daher für qualifizierte Arbeit höher als für unqualifizierte Arbeit, solange jedenfalls qualifizierte Arbeit relativ knapp ist. Ebenso sind die Löhne bei funktionierendem Leistungswettbewerb an wachsenden Märkten, in denen es an Arbeitskräften mangelt, höher als an schrumpfenden Märkten, bei denen ein Überfluß an Arbeit und damit Unterbeschäftigung besteht.

4. Die *Lenkungsfunktion*, die sich daraus ergibt, daß der sozialökonomische Prozeß des Leistungswettbewerbs Produktionsfaktoren von schrumpfenden Märkten zu sich entwickelnden Märkten lenkt, wo sie mehr gebraucht und demgemäß höher bezahlt werden. Hierdurch wird

---

[19] Der ökonomische Maßstab ist von ethischen oder moralischen Maßstäben streng zu unterscheiden.

4. Volkswirtschaftliche Funktionen der Wettbewerbsprozesse

eine Vergeudung volkswirtschaftlicher Produktivkräfte verhindert und mit der Produktivität das Sozialprodukt erhöht, was letztlich allen am Wirtschaftsprozeß Beteiligten zugute kommt. Diese Lenkungsfunktion wird nicht durch staatliche Behörden, sondern durch die nachfragenden Wirtschafter ausgeübt, zu denen ebenso Haushalte wie Unternehmen gehören. Denn die Nachfrager sind es, welche die Produkte wählen[20], und durch diese Wahl die Beschäftigung an den einzelnen Bedarfsmärkten bestimmen. Da diese Lenkung nach ökonomischen Gesichtspunkten erfolgt, ist sie zwangsläufig mit sozialen Härten verbunden. Dies gilt insbesondere dann, wenn sie zur Freisetzung von Arbeitskräften führt. Infolgedessen muß der Staat den Leistungswettbewerb durch ein soziales Netz ergänzen (Unterstützung und Umschulung von Arbeitslosen usw.). Wenn er allerdings hierdurch den Lenkungsprozeß verlangsamt, verzögert er die Wiedereingliederung der Arbeitslosen in den Produktionsprozeß und verlängert damit die Arbeitslosigkeit.

5. Die *Sozialisierungsfunktion:* Im sozialökonomischen Prozeß des Leistungswettbewerbs tendieren die Marktpreise in Richtung der gesellschaftlich notwendigen Kosten, worauf schon Karl Marx hingewiesen hat: die bei Verkäufermärkten entstehenden prozessualen Gewinne werden hierdurch ebenso wie die bei Käufermärkten auftretenden Verluste eliminiert, so daß die Konsumenten die Produkte langfristig zu den produktionstechnisch günstigsten Preisen erhalten. Im Entwicklungswettbewerb wird diese Funktion durch die Nachahmer ausgeübt, wobei hier allerdings — und dieser Unterschied ist für das Verständnis von Entwicklungsprozessen wesentlich — zu den „gesellschaftlich notwendigen Kosten" auch die Kosten für die wirtschaftliche Entwicklung und insbesondere die *Kosten für Novitäts- und Rationalisierungsinvestitionen* (einschließlich der Kosten für Forschung, Entwicklung und Absatzrisiken) gehören. Mit dem Sozialprodukt steigen die Realeinkommen aller privaten Haushalte, wenn und soweit die Chancen zwischen den Sozialpartnern gleichmäßig verteilt sind. Es entwickeln sich dann nicht nur die Unternehmensgewinne wie zur Zeit des staatlichen Koalitionsverbots, sondern auch die Reallöhne, wie deren Entwicklung seit Zulassung freier und starker Gewerkschaften zeigt. Im sozialökonomischen Prozeß des Leistungswettbewerbs sind steigende Unternehmensgewinne Voraussetzung für einen Anstieg der Reallöhne wie ein Ansteigen der Reallöhne Voraussetzung für steigende Gewinne ist. Zwischen Unternehmen und ihren Belegschaften besteht insofern in Marktwirtschaften ein *Partnerschaftsverhältnis*, in dem jeder auf den anderen angewiesen ist.

6. Die *Erziehungsfunktion:* Der Mensch ist von Natur aus kein „homo oeconomicus" (und wird es auch nie), so daß er zu wirtschaftlichem

---

[20] Wenn auch nicht unbeeinflußt durch Werbung, was ebenso für Wähler politischer Parteien gilt.

Verhalten erzogen werden muß. Ist es in unterentwickelten Volkswirtschaften die Not, so ist es in entwickelten Ländern der Wettbewerb, der diese Aufgabe übernimmt. Die den Leistungswettbewerb auszeichnenden Knappheitspreise sind es, die in Wohlstandsgesellschaften wie der unsrigen die Haushalte wie die Betriebe veranlassen, mit Gütern, wie z. B. mit Erdöl, um so sparsamer umzugehen, je knapper sie sind. Andererseits erziehen sich die Konsumenten im *„Sozialprestige-Wettbewerb"* (der sich auch in Staatswirtschaften wie der Sowjetunion beobachten läßt) wechselseitig jene Bedürfnisse an, die entwickelt werden müssen, damit neue Produkte, wie Autos oder Fernseher, den Absatz finden, welcher der Produktivitätsentwicklung wie dem Anstieg der Realeinkommen gleichermaßen entspricht. Die Entwicklung neuer Bedürfnisse ist weniger ein individuelles als ein soziales Problem, was nicht darüber hinweg täuschen sollte, daß es ebenso „schöpferische Konsumenten" wie schöpferische Unternehmer gibt.

Die ökonomische Erziehungsfunktion des Wettbewerbs ist allerdings begrenzt. Er ist nicht in der Lage, die künftige Entwicklung einzubeziehen, da sich der Preis stets nach dem gegenwärtigen Grad der Knappheit (und den Erwartungen der Wirtschafter) richtet. Raubbau und Umweltschäden werden daher nur verhindert, wenn der Staat die Verursacher mit den volkswirtschaftlichen Kosten belastet. Insofern bedarf auch der Wettbewerb obrigkeitlicher Steuerung. Endlich darf nicht übersehen werden, daß der Leistungswettbewerb eine ökonomische Institution ist, die nur zu wirtschaftlichen, aber nicht zu kulturellen Leistungen erzieht. Künstlerische Institutionen wie Oper oder Theater können daher nicht allein den sozial-ökonomischen Wettbewerbsprozessen überlassen werden.

7. Die *Informationsfunktion:* Der Wettbewerb versorgt die Wirtschafter mit Informationen, worauf namentlich *Hayek*[21] hingewiesen hat, obschon es sicherlich übertrieben ist, in dieser Informationsfunktion die einzige oder auch nur die wichtigste Funktion des Leistungswettbewerbs zu sehen. Der sozialökonomische Prozeß des Wettbewerbs informiert die Wirtschafter über die Veränderungen im Verhältnis von Angebot und Nachfrage; denn er läßt die Preise für Produkte und Produktionsfaktoren, die weniger nachgefragt werden, sinken, und die Preise für Produkte und Produktionsfaktoren, denen sich die gesellschaftliche Nachfrage zuwendet, steigen. In gewissem Umfang ergibt sich allerdings auch eine gewisse Markttransparenz[22] aus der Entwicklung der den Unternehmen erteilten Aufträge.

---

[21] *Hayek* (1949, S. 106).
[22] Eine „vollkommene Markttransparenz", die bei zeit- und raumlosen Gleichgewichtslagen unterstellt wird, gibt es in sozialökonomischen Prozessen nicht. Sie ist irreal.

4. Volkswirtschaftliche Funktionen der Wettbewerbsprozesse

Die Informationsfunktion des Wettbewerbs versagt allerdings im Fall eines schöpferischen Unternehmers, der mit einem neuen Produkt einen neuen Markt kreiert. Zwei Gründe sind für dieses Versagen maßgeblich: Zum einen ist der schöpferische Unternehmer der *einzige* Anbieter an dem von ihm geschaffenen Markt, so daß es an diesem nur einen prozessualen Monopolpreis und keinen Knappheitspreis gibt. Und zum anderen ist für ein schöpferisches Unternehmen weniger der Gegenwartsbedarf als die *künftige Bedarfsentwicklung* interessant. Diese „Informationslücke" ist einer der Gründe für das besondere Risiko, das mit neuen Konsum- und Investitionsgütern verbunden ist, und damit ein Beweis für die ökonomische Zweckmäßigkeit, für schöpferische Leistungen Incentives in Gestalt von Patenten usw. zu gewähren.

8. Die *Auslesefunktion*: Der Leistungswettbewerb führt dazu, daß die leistungsfähigeren Unternehmen ihre Position an bereits bestehenden Märkten ausdehnen, während die leistungsschwächeren Unternehmen allmählich vom Markt verdrängt werden. Außerdem hat der sozialökonomische Prozeß des Leistungswettbewerbs zur Folge, daß neue Märkte, auf denen fortschrittliche Unternehmen konkurrieren, auf Kosten alter Märkte wachsen, deren Unternehmen konservativ, wenn nicht gar rückständig sind. Dank dieser Auslesefunktionen geht die volkswirtschaftliche Versorgung zunehmend in die Hände jener Unternehmen über, die sich gegenüber ihren Konkurrenten durch Qualität, Produktivität und Kreativität auszeichnen. Diese Auslesefunktionen des Leistungswettbewerbs werden freilich nur mangelhaft erfüllt, wenn staatliche Subventionen das Ausscheiden leistungsschwacher Unternehmen oder das Schrumpfen überalterter Bedarfsmärkte verhindern. Sie werden endlich in ihr Gegenteil verkehrt, wenn sich Unternehmen als Mittel des Wettbewerbs anstelle der ökonomischen Leistung unfairer Mittel bedienen, wie dies z. B. bei der Beschäftigung von Schwarzarbeitern, Hinterziehung von Steuern oder der Ausbeutung von Mitarbeitern oder Geschäftspartnern der Fall ist. Auch der sozialökonomische Prozeß des Leistungswettbewerbs arbeitet nur dann funktionsgemäß, wenn die Voraussetzungen seiner Konstruktion erfüllt sind, und diese sind verletzt, wenn hohe Steuern und Sozialbeiträge die „*Schattenwirtschaft*" lohnend machen.

*Tafel 6: Sozialökonomische Funktionen
des Leistungswettbewerbs*

Wenn die Macht zwischen Anbietern und Nachfragern an Waren- und Arbeitsmärkten nicht einseitig verteilt ist, erfüllt der Wettbewerb folgende Funktionen:

1. Er paßt das Angebot den quantitativen und qualitativen Änderungen der Nachfrage an (Anpassungsfuktion).
2. Er entwickelt neue Produkte und Produktqualitäten sowie leistungsfähigere Produktionsverfahren (Entwicklungsfunktion).
3. Er verteilt das Sozialprodukt nach der Leistung, wobei Maßstab die Knappheit ist (Verteilungsfunktion).
4. Er lenkt die Produktionsverfahren von schrumpfenden zu sich entwickelnden Märkten und verhindert damit volkswirtschaftliche Fehlleistungen (Lenkungsfunktion).
5. Er erhöht die Realeinkommen aller im Produktionsprozeß Beschäftigten im Zeitablauf, indem er die Kosten senkt, Reallöhne erhöht und Gewinne, die ihre Funktion erfüllt haben, eliminiert (Sozialisierungsfunktion).
6. Er erzieht Menschen zu Wirtschaftern (Erziehungsfunktion).
7. Er informiert die Wirtschafter über die Marktentwicklung (Informationsfunktion).
8. Er überträgt die volkswirtschaftliche Versorgung von rückständigen Unternehmen auf solche, die anpassungsfähig resp. zu kreativen Leistungen begabt sind (Auslesefunktion).

5. Was bei der Konstruktion des Leistungswettbewerbs (und damit der Marktwirtschaft) zu beachten ist

Der sozialökonomische Prozeß des Leistungswettbewerbs, auf dem die marktwirtschaftliche Funktionsfähigkeit beruht, besteht aus Preis-, Qualitäts-, (Differenzierungs-) und Entwicklungswettbewerb, wobei dieser wiederum in Novitäts- und Rationalisierungswettbewerb zerfällt. Wie ist nun eine Marktwirtschaft zu gestalten, die nach dem Prinzip des Leistungswettbewerbs arbeitet? Was ist erforderlich, damit Preis-, Qualitäts-, Novitäts- und Rationalisierungswettbewerb reibungslos funktionieren?

Entscheidend ist zunächst, daß Marktwirtschaft nicht mit *Euckens* Verkehrswirtschaft verwechselt wird.[23] Die „*Verkehrswirtschaft*" Euckens umfaßt alle „Marktformen" von dem Gleichgewichtsmodell der „vollkommenen Konkurrenz" bis hin zum Gleichgewichtsmonopol Cournots. Die Marktwirtschaft arbeitet hingegen nach dem Prinzip des Leistungswettbewerbs. Sie setzt sich nicht aus Gleichgewichtslagen wie dem neoklassischen Monopol oder dem Oligopol[24], sondern aus sozialökonomischen Wettbewerbsprozessen zusammen. Die einzige Art von Monopolen, die ihr entsprechen, sind prozessuale Leistungsmonopole, die schöpferischen Unternehmen zufallen, wenn sie einen neuen Markt begründen. *Marktwirtschaft wird hier somit als Konkurrenzwirtschaft definiert, die aus sozialökonomischen Wettbewerbsprozessen besteht, die mit prozessualen Leistungsmonopolen, nicht aber mit permanenten Machtmonopolen oder anderen stationären „Marktformen" vereinbar sind.* Die Märkte, auf denen sich diese Wettbewerbsprozesse abspielen, sind infolgedessen auch keine zeit- und raumlosen Punktmärkte, sondern Märkte, die der Befriedigung des gesellschaftlichen Bedarfs dienen, also Bedarfsmärkte, an denen — in Zeit und Raum — heterogene, wenn auch jeweils bedarfshomogene Güter erhältlich sind. An jedem Schuhmarkt werden unterschiedliche Typen und Modelle nachgefragt. Ein homogenes Gut (im Sinne Sraffas) ist für die gesellschaftliche Bedarfsdeckung ebenso uninteressant wie für den Leser eine Zeitung, in der tagtäglich das Gleiche steht.

---

[23] *Eucken* (1947, S. 140 ff.).
[24] *Kantzenbach* und *Kallfass* (1981, S. 110 und S. 120). — Gleichgewichtslagen und Wettbewerbsprozesse schließen sich aus. In Gleichgewichtslagen (ob „weites" oder „enges" Oligopol) ist die Wettbewerbsintensität gleich Null. Vgl. *Arndt* (1973, S. 130 ff.).

Die sozialökonomischen Prozesse des Leistungswettbewerbs umfassen Preis-, Qualitäts- und Entwicklungswettbewerb.

I. Voraussetzungen des Preiswettbewerbs

Preiswettbewerb setzt voraus, daß die Unternehmen die Freiheit besitzen, ihre Preise bei zunehmender Knappheit heraufzusetzen und bei abnehmender Knappheit (unter dem Druck ihrer Konkurrenten) zu senken. Nur wenn die Höhe der Preise der jeweils am Bedarfsmarkt entstehenden Knappheit entspricht, funktioniert der Anpassungsprozeß des Leistungswettbewerbs und Mangel und Überfluß werden durch Einschränkung und Ausdehnung der Produktion beseitigt. *Preiswettbewerb ist daher sowohl mit steigenden, als auch mit fallenden Preisen vereinbar.* Steigende Preise sind nur dann ein Indiz für fehlenden Wettbewerb, wenn sich die Preise an einem Bedarfsmarkt trotz gleichbleibender oder gar rückläufiger Knappheit erhöhen. Umgekehrt sind sinkende Preise kein Indiz für die Intensität des Wettbewerbs, sondern ein Indiz für ruinöse Konkurrenz, wenn die am Bedarfsmarkt bestehende Knappheit sich nicht geändert hat.

Das Lieblingsmodell der neoklassischen Marktformenlehre, die sog. „vollkommene Konkurrenz" ist somit nicht einmal auf den Preiswettbewerb anwendbar, weil im Preiswettbewerb der Preis kein Datum ist, sondern sich nach der jeweiligen Knappheit richtet. Nur Knappheitspreise erfüllen die Funktion, Angebot und Nachfrage derart zu steuern, daß Mangel oder Überfluß beseitigt werden. Dies gilt für Verkäufer- und Käufermärkte, die in Anpassungsprozessen auftreten, ebenso wie für wachsende und schrumpfende Märkte, die in Entwicklungsprozessen entstehen. Solange sich die Wettbewerber in ihrer Preispolitik nach der am Bedarfsmarkt bestehenden Knappheit richten (und Novitäten ebenso wie Rationalisierung als Mittel ihrer Auseinandersetzung verwenden), spielt die Zahl der Wettbewerber keine Rolle. Zwischen zwei Firmen wie Adidas und Puma kann der Wettbewerb ebenso spannend sein wie zwischen Boris Becker und Ivan Lendl.[25]

Zugleich ergibt sich aus unseren Überlegungen, daß Unterkostenpreise bei Käufermärkten oder Ladenhütern dem Knappheitsprinzip entsprechen und daher wettbewerbskonform sind, daß aber ein Verdrängungswettbewerb, in dem durch gezielten Einsatz von Unterkostenpreisen Konkurrenten ausgeschaltet werden, gegen das dem Leistungswettbewerb zugrunde liegende Knappheitsprinzip verstößt:

---

[25] Die Intensität des Wettbewerbsprozesses nimmt weder mit der Zahl der Teilnehmer ab (*Eucken* u. a.) noch mit ihrer Zahl zu (*Alfred E. Ott*). *Cournot* (1836, Kap. 7) identifizierte den „Wettbewerb der Produzenten" mit dem Dyopol.

5. Konstruktion von Leistungswettbewerb (und Marktwirtschaft) 87

„Cutthroat competition" ist kein Leistungswettbewerb, weil hier die Preise im Hinblick auf die Vernichtung von Gegnern willkürlich festgesetzt werden.

Unvereinbar mit dem prozessualen Preiswettbewerb ist jeder Versuch, den Einfluß der Knappheit auf die Preise zu verringern oder aufzuheben, gleichgültig ob es sich hierbei um staatliche Preisfestsetzung oder um den Einsatz privater wirtschaftlicher Macht handelt, soweit dies zu Beschränkungen oder Entartungen des Leistungswettbewerbs führt. Hieraus ergeben sich zwei bedeutungsvolle Konsequenzen:

(1) Jedes Unternehmen muß die Möglichkeit haben, seine Preise (und seine Produkte) als Mittel des Wettbewerbs im Wettbewerb mit anderen Wirtschaftern einzusetzen. Wird diese *Wettbewerbsfreiheit* durch marktbeherrschende Wirtschafter beschränkt, so reduziert dies und *beendet* im Grenzfall den Wettbewerb

(2) Jeder Wirtschafter muß im Wettbewerb grundsätzlich die gleichen Chancen haben. Weder darf er in der Wahl seines Geschäftspartners beschränkt noch von seinem Partner zu Maßnahmen gezwungen werden, die er bei freiem Willen nicht vornehmen würde. Wird diese *Chancengleichheit* ernstlich verletzt, so *entartet* der Wettbewerb und es entstehen ruinöse Konkurrenzprozesse (vgl. Teil 3).

Ferner kann der prozessuale Preiswettbewerb in Verkäufermärkten nur dann im Interesse der Allgemeinheit funktionieren, wenn die Güter, an denen ein Mangel besteht, in erforderlichem Umfang vermehrbar sind. Ist dies nicht der Fall, weil Importe ausbleiben und sich die einheimische Produktion (z. B. in der Landwirtschaft) nicht steigern läßt, so verlieren die Knappheitspreise ihre prozessualen Funktionen. Sie sind nicht mehr im Stande, den Mangel zu überwinden. Was übrig bleibt, ist ihr Verteilungseffekt, der in diesem Fall negativ ist, weil die Redistribution zu Lasten der Armen erfolgt, welche die hohen Preise kaum noch oder nicht mehr bezahlen können. Dies ist der Grund, warum schon seit Mitte des vorigen Jahrhunderts in Kriegen und Nachkriegszeiten die Preise für lebenswichtige Produkte vom Staat diktiert und knapp gewordene Nahrungsmittel rationiert, d. h. vom Staat zugeteilt werden.

Durch die Aufhebung eines funktionslos gewordenen Preiswettbewerbs läßt sich nur eine gerechtere Verteilung, aber keine Überwindung der Armut erreichen. Deshalb ist es nicht angebracht, staatliche Festpreise und Rationierung auch auf solche Situationen zu übertragen, in denen einer Steigerung der Produktion nichts im Wege steht.

II. Teil: Der Leistungswettbewerb

Endlich verfälschen überhöhte Belastungen der Unternehmen den Wettbewerb, weil sie die „Schattenwirtschaft" lohnend machen. Wer Steuern und Sozialbeiträge hinterzieht, verschafft sich einen unlauteren Wettbewerbsvorteil gegenüber seinen Konkurrenten.

Zu den *Voraussetzungen des sozialökonomischen Prozesses des Preiswettbewerbs* gehören somit:

1. Das *Bestehen von Prozessen*, die prinzipiell durch *Knappheitspreise* gesteuert werden, was beim „Verdrängungswettbewerb" nicht der Fall ist,

2. Das *Auftreten von mindestens zwei Wirtschaftern*, die zum Wettbewerb bereit und fähig sind,

3. Die *Freiheit der Wirtschafter*, sich der Preise als Mittel des Wettbewerbs im Wettbewerb mit anderen Wirtschaftern zu bedienen (wobei diese Wettbewerbsfreiheit durch marktbeherrschende Unternehmen beschränkt oder ausgeschlossen wird),

4. *Chancengleichheit*, die zumindest insoweit bestehen muß, daß Wirtschafter weder in der Wahl ihrer Geschäftspartner beschränkt noch durch Geschäftspartner zu Maßnahmen veranlaßt werden, die sie freiwillig nicht vornehmen würden (und die durch keine Rechtsnorm geboten sind),

5. *Vermehrbarkeit der Güter*, damit Verkäufermärkte durch Erhöhung der Produktion überwunden — und prozessuale Leistungsmonopole durch den Nachahmerwettbewerb abgetragen — werden können,

6. *Belohnung der Leistung* resp. Unterlassung leistungsfeindlicher Belastungen, die eine „Schattenwirtschaft" lohnend machen.

Außerdem setzt das Funktionieren des Leistungswettbewerbs einen *gewissen Wohlstand der beteiligten Wirtschafter* voraus: Verarmte Bauern verhalten sich pervertiert: Sie erhöhen ihr Angebot durch Reduzierung des Eigenverbrauchs, wenn die Preise sinken, wie dies in der Weltwirtschaftskrise der Dreißiger Jahre zu beobachten war. Sie schränken ihr Angebot umgekehrt ein, wenn die Preise steigen — mit dem Ergebnis, daß die Disproportionalität zwischen Angebot und Nachfrage nicht ab-, sondern zunimmt.[26] Ebenso pervertiert verhalten sich ausgebeutete Arbeiter: Je niedriger der Stundenlohn, desto länger arbeiten Werktätige, um wenigstens das Existenzminimum zu verdienen. Sie bieten umgekehrt weniger Arbeit an, wenn die Löhne über

---

[26] Eingehender hierzu *Arndt* (1973, S. 74 f., und 1976, S. 149 ff.). — Zum Einfluß von Akzeleratoren, die hier nicht behandelt werden, siehe *Arndt* (1984 b, 9. Kapitel). — Zu Entartungen des Wettbewerbs vgl. u. a. *Röper* (1952), insb. *Tolksdorf* (1971).

5. Konstruktion von Leistungswettbewerb (und Marktwirtschaft)

das Existenzminimum steigen. Auch in diesem Fall wird der Anpassungsprozeß des Leistungswettbewerbs in sein Gegenteil verkehrt, weil die Wirtschafter infolge ihrer Armut nicht mehr die Freiheit der Entscheidung besitzen, die der sozialökonomische Prozeß des Wettbewerbs voraussetzt: *Der Leistungswettbewerb entartet infolge der Verarmung der Wirtschafter in einen ruinösen Konkurrenzprozeß.*

II. Voraussetzungen des Qualitätswettbewerbs

Qualitätswettbewerb gibt es ebenfalls nur in Prozessen. Qualitäten und Produktdifferenzierung treten hier als Mittel des Wettbewerbs neben den Preis und in Grenzfällen sogar an die Stelle des Preises. In einer Welt, in der es nur Jäger und Hirten gibt, sind menschliche Bedürfnisse noch weitgehend uniform. Sie bestehen, wie in den Beispielen der Grenznutzenschule, vorwiegend aus Essen und Trinken. Es existiert noch keine Eßkultur. Je wohlhabender und zivilisierter eine Gesellschaft ist, desto bedeutsamer wird die Qualität der Produkte für die Nachfrager und desto differenzierter[27] werden ökonomische Bedürfnisse — auch im Hinblick auf das gleiche Bedarfsgut, wie z. B. Gemüse oder Beleuchtungskörper. Insofern ist Qualitätswettbewerb stets zugleich *Differenzierungswettbewerb.*

Die ökonomisch relevanten Bedürfnisse wandeln sich überdies mit der menschlichen Kultur (resp. dem, was Menschen für Kultur halten). Geschmack und Mode ändern sich selbst in Zeiten, in denen keine oder nur ausnahmsweise neue Güter offeriert werden. Die Produkte, welche die alten Römer nachfragten, waren bereits nur noch zum Teil mit jenen identisch, die von den alten Ägyptern begehrt worden waren. Ebenso wurden die Moden, die in der Zeit des Rokoko modern waren, schon zur Zeit des Empire nicht mehr getragen. Die Unternehmen haben sich daher im Qualitätswettbewerb nicht nur (zunehmend) differenzierteren, sondern sich auch im Zeitablauf wandelnden Wünschen der Nachfrager anzupassen.

Qualitätswettbewerb setzt somit voraus:

---

[27] *Edward H. Chamberlin*'s These, nach der Produktdifferenzierung die Folge „monopolistischer" Elemente ist, stellt den Sachverhalt auf den Kopf. Chamberlin übersieht, 1. daß das Gleichgewichtsmodell der „vollständigen Konkurrenz" mit dem sozialökonomischen Prozeß des Wettbewerbs nichts zu tun hat, 2. daß es der prozessuale Qualitätswettbewerb ist, der die Unternehmen zwingt, sich um die — individuellen — Kundenwünsche zu kümmern, und 3. daß permanente Machtmonopole — genau entgegengesetzt zu Chamberlin's Annahmen — ihr Sortiment verkleinern und ihre Produkte standardisieren, um Kosten zu sparen. — Warum? — weil der Konsument infolge mangelnder Konkurrenz keine Möglichkeit des Ausweichens an diesem Bedarfsmarkt hat. (Vgl. aber *Chamberlin* 1950, S. 56 ff., 71 ff., 196 ff.).

1. Preiswettbewerb, der die Preise von mehr als bisher begehrten Qualitäten steigen und die Preise von weniger begehrten Qualitäten fallen läßt;
2. unterschiedliche und sich im Zeitablauf wandelnde Qualitätswünsche der Nachfrager und
3. den Einsatz von Qualitäten und Produktdifferenzierung durch die Unternehmen im Wettbewerb um die Kunden.

Qualitätswettbewerb spielt sich daher auch niemals an Punktmärkten (mit homogenen Gütern), sondern nur an Bedarfsmärkten ab, auf denen — wie am Bedarfsmarkt für Seifen oder Hautcreme — die Güter zwar unterschiedlich, aber „bedarfshomogen" sind, weil sie der *Befriedigung eines gesellschaftlichen Bedarfs* dienen.

III. Voraussetzungen des Entwicklungswettbewerbs

Der Entwicklungswettbewerb[28], der sich aus Novitäts- und Rationalisierungswettbewerb zusammensetzt, ist ein Geschöpf des Staates (und daher in seiner Realisierung ebenso unvollkommen wie dieser). Erst wenn es sich infolge des Patentschutzes u. dgl. ökonomisch lohnt, werden Novitäten und Rationalisierung zu Mitteln des Wettbewerbs, in dem schöpferische Unternehmen vorstoßen, um dann im Zeitablauf von nachahmenden Unternehmen eingeholt und nicht selten überholt zu werden. Dabei darf man sich diese Entwicklungsprozesse nicht so vorstellen, als ob schöpferische und nachahmende Unternehmen streng von einander geschieden seien, wenn sich auch ein nicht unerheblicher Teil der Unternehmen mehr oder weniger auf bloße Imitationen beschränkt. Erfolgreiche Unternehmen wie Siemens, IBM oder General Motors sind jedoch stets beides zugleich. Ihr großer Erfolg beruht letztlich sogar darauf, daß sie sowohl kreativ wie imitierend tätig sind.

Wie sehr die Ausgestaltung des Entwicklungswettbewerbs vom Patentrecht des Staates abhängt, ergibt sich beispielsweise daraus, daß

---

[28] Schumpeters Begriff der „Konkurrenz der neuen Ware, der neuen Technik, der neuen Versorgungsquelle, des neuen Organisationstyps" umfaßt Teile des hier analysierten Entwicklungswettbewerbs, ist aber nicht mit diesem identisch, zumal Schumpeter zu den „neuen Kombinationen" auch die „Schaffung einer Monopolstellung (z. B. durch Vertrustung)" rechnet. Schumpeter unterscheidet auch nicht zwischen prozessualen Leistungsmonopolen, die mit Leistungswettbewerb vereinbar, und permanenten Machtmonopolen, die mit dem Leistungswettbewerb unvereinbar sind, wie er auch die verschiedenen Prozesse des Preis-, Qualitäts-, Novitäts- und Rationalisierungswettbewerbs nicht weiter analysiert. Vgl. *Schumpeter* (1952, insb. S. 100 f., und 1946, insb. S. 104); zur Prozeßanalyse des Wettbewerbs vgl. *Hayek* (1949, insb. S. 92 ff., aber auch S. 107 ff.); *Arndt* (Jb Nö u St. 1949, insb. S. 227 ff.; 1952, insb. S. 104 ff.), *Downie* (1958), *Clark* (1961) und viele andere.

5. Konstruktion von Leistungswettbewerb (und Marktwirtschaft) 91

Sperr- und Schubkastenpatente die wirtschaftliche Entwicklung verlangsamen, wenn sie nicht durch die staatliche Gesetzgebung ausgeschlossen werden. Wer sich nämlich für Kreationen seiner Konkurrenten Patente eintragen läßt, um diese an einer Verbesserung ihrer Produkte zu hindern (obschon er selbst mit diesen Patenten nichts anzufangen weiß), hemmt den Entwicklungswettbewerb. Und wer Patente im Schubkasten läßt, weil die sich aus ihrer Anwendung ergebenden Vorteile nicht ihm, sondern nur seinen Kunden zugute kommen, hält ebenfalls den wirtschaftlichen Fortschritt auf.

Der *Novitätswettbewerb* — als Teil des Entwicklungswettbewerbs — kreiert neue Konsum- und Kapitalgüter und ermöglicht dadurch prozessuale Leistungsgewinne, weil neue Produkte und Produktqualitäten infolge des Patentschutzes (oder auch infolge des Produktionsgeheimnisses) zunächst selten sind. Eröffnet das schöpferische Unternehmen mit der Kreation eines neuen Bedarfsguts einen neuen Bedarfsmarkt, so erzielt es, wenn und soweit es erfolgreich ist, prozessuale Monopolgewinne. Werden derartige Leistungsgewinne von Kartellbehörden verboten, weil sie nicht zwischen Macht- und Leistungsmonopolen unterscheiden, so verlangsamt dies den Novitätswettbewerb. Der gleiche Effekt tritt bei erhöhter Gewinnbesteuerung ein, die auf die Incentives der Unternehmen keine Rücksicht nimmt. Unternehmen scheuen das Risiko von Neuerungen, wenn sie von vornherein wissen, daß sich selbst im Fall eines Markterfolges der Aufwand nicht lohnt. Schumpeter glaubt zwar, daß mit der Zeit die schöpferischen Unternehmen überflüssig werden, weil sich der Fortschritt automatisieren werde.[29] Obschon diese und ähnliche Thesen auch heute noch Anhänger haben, widersprechen sie jeder Erfahrung. In den Ostblockstaaten, in denen es an ausreichenden Incentives für Neuerungen fehlt, gibt es im Konsumgüterbereich so gut wie keine eigenen Kreationen. Den volkseigenen Betrieben bleibt daher gar nichts anderes übrig, als Novitäten aus jenen Marktwirtschaften zu imitieren, in denen sich die Kreation neuer Konsumgüter lohnt.

Der *Rationalisierungswettbewerb*, der den anderen Teil des Entwicklungswettbewerbs bildet, hängt nicht nur von der Kreation neuer Herstellungsverfahren, sondern auch von der Kreation neuer Investitionsgüter ab. Das eine ist nicht mit dem anderen identisch. Neue Kapitalgüter schaffen zunächst zusätzliche Nachfrage, während ihr Einsatz die Produktivität und insofern das Angebotspotential erhöht. Infolgedessen muß man zwischen der Nachfrage nach einem neuen Investitionsgut und seinem sich bei seinem Einsatz ergebenden Produktionseffekt unterscheiden.

---

[29] *Schumpeter* (1946, 12. Kapitel).

Der Einsatz neuer Produktionstechniken kann die Qualität verbessern und dadurch den Absatz erhöhen oder die Produktivität steigern und damit die Kosten senken. In beiden Fällen erhöht sich der Differentialgewinn, aber nur im zweiten Fall ergibt sich der Produktivitätseffekt, der das (potentielle) Angebot erhöht.

Der Einsatz von Maschinen oder anderen Produktionsverfahren, die bereits anderwärts erprobt sind, ist im allgemeinen weniger riskant als die Kreation von Novitäten, bei denen man im vornherein nicht weiß, ob sie einschlagen werden oder nicht. Infolgedessen werden sich Unternehmen bei hohen Gewinnsteuern (oder zu kurzer Patentdauer) eher für (sichere) Rationalisierungsinvestitionen als für (unsichere) Novitätsinvestitionen entscheiden, auch wenn sich durch Kostensenkungen (oder Absatzsteigerungen) nur höhere Differentialrenten, aber keine prozessualen Monopolgewinne erzielen lassen. Diese Tendenz verstärkt sich, wenn die Entwicklung der Lohnkosten der Entwicklung der Produktivität vorauseilt: Je teurer Handarbeit wird, desto lohnender wird ihre Substitution durch Maschinen. Art und Richtung der wirtschaftlichen Entwicklung wird insoweit sowohl durch die staatliche Finanz- und Steuerpolitik als auch durch die Lohnpolitik der Sozialpartner (mit-)bestimmt.

Fassen wir diese Überlegungen zusammen, so ergibt sich:

1. Entwicklungswettbewerb setzt das Bestehen von Preis- und Qualitätswettbewerb voraus und besteht aus Novitätswettbewerb, der neue Bedürfnisse und damit zusätzliche Nachfrage weckt, und Rationalisierungswettbewerb, der mit der Produktivität das Angebotspotential erhöht.

2. Der Novitätswettbewerb, in dem Unternehmen mit neuen Produkten und Produktqualitäten konkurrieren, entsteht nur in Ländern, in denen der Staat ausreichende Incentives für die Kreation neuer Konsum- und Kapitalgüter gewährt. Neue Produkte und Produktqualitäten sind zunächst Seltenheitsgüter und werden erst durch den Wettbewerb der Nachahmer „beliebig reproduzierbar".

3. Der Rationalisierungswettbewerb, in dem die leistungsfähigeren Produktionsverfahren zu Mitteln der Konkurrenz werden, setzt die Kreation neuer Investitionsgüter — und damit den Novitätswettbewerb bei Kapitalgütern — voraus.

4. Der Gleichklang in der Entwicklung neuer Konsum- und Investitionsgüter wird gestört, wenn der Einsatz arbeitsparender Produktionsverfahren lohnender als die Kreation neuer Konsumgüter wird.

5. Der Entwicklungswettbewerb ist nur dann beschäftigungspolitisch neutral, wenn der Novitätswettbewerb gerade so viele neue Arbeits-

5. Konstruktion von Leistungswettbewerb (und Marktwirtschaft)

plätze schafft, als der Rationalisierungswettbewerb an herkömmlichen Arbeitsplätzen einspart.

6. Eine Steuerung des Entwicklungswettbewerbs ist durch Art und Höhe der Besteuerung sowie der Lohnkosten möglich. Eine Senkung der unternehmerischen Belastung begünstigt den Novitätswettbewerb (und damit die Bedarfsentwicklung). Eine Erhöhung der Unternehmensbelastung begünstigt den Rationalisierungswettbewerb (und damit die Entwicklung des Angebotspotentials). Ob und in welchem Umfang Entwicklungsarbeitslosigkeit auftritt, hängt daher nicht zuletzt vom Staat und dem Verhalten der Sozialpartner ab.

> The problem of the prevention of monopoly and the
> preservation of competition is raised much more
> acutely in certain other fields to which the concept
> of property has been extended only in recent times.
>
> Friedrich A. Hayek

6. Eine Wirtschaftsordnung läßt sich nach dem Kreislauf- oder nach dem Entwicklungsmodell konstruieren

Der Mensch kann die Wirtschaftsgesellschaft auf verschiedene Weise gestalten. Je nach dem von ihm gewählten Modell und dessen Ausgestaltung ergeben sich unterschiedliche Resultate sowohl im Hinblick auf die Verteilung als auch im Hinblick auf die Entwicklung des Sozialprodukts.

Zwei Grundmodelle stehen für den Bau von Wirtschaftsordnungen zur Verfügung: das Kreislaufmodell und das Entwicklungsmodell.[30] Im reinen *Kreislaufmodell* ist der Kreislauf stationär, so daß stets die gleichen Waren auf die gleiche Weise hergestellt (und konsumiert) werden und infolgedessen die Gossen'schen Gesetze ebenso wie die „Marktformen" der Neoklassik anwendbar sind. Im *Entwicklungsmodell*, das dem sozialökonomischen Prozeß des Leistungswettbewerbs entspricht, entwickeln sich hingegen alle kreislaufmäßig relevanten Größen einschließlich der Produkte, der Produktionsverfahren und der Bedürfnisse.

I. Das Kreislaufmodell

Bei der *Wahl des Kreislaufmodells* ergibt sich eine Wirtschaftsordnung, in der — streng genommen — die gleichen Güter von vorhandenen Betrieben auf gleiche Weise produziert und von vorhandenen Haushalten mit vorgegebenen Bedarfsstrukturen konsumiert werden. Dieses Modell, das in wesentlicher Hinsicht dem Grundschema der neo-

---

[30] Euckens Einteilung in „Verkehrswirtschaft" und „verkehrslose ›Zentralgeleitete Wirtschaft‹" ist hier nicht brauchbar, weil eine „verkehrslose" Wirtschaft überhaupt keine Wirtschaftsgesellschaft und eine „Verkehrswirtschaft" keine Marktwirtschaft ist, sondern eine Mischung von Marktformen und damit von Gleichgewichtslagen, welche die wirtschaftliche Entwicklung ausschließen und zu denen außer dem permanenten Machtmonopol, dem Dyopol und dem Oligopol auch die „vollständige Konkurrenz" gehört, bei dem es an einem Punktmarkt ein Einheitsgut zum Einheitspreis gibt. Vgl. *Eucken* (1947, insb. S. 127).

6. Wirtschaftsordnungen nach Kreislauf- und Entwicklungskonzept 95

klassischen Schule entspricht[31] und in dem — wie schon bei Ricardo und Marx sowie später bei den Vertretern der „Welfare Economics" — die Verteilung im Vordergrund steht, ist im Verlauf der Geschichte in verschiedenen Formen, wenn auch immer nur annäherungsweise realisiert worden. Nach dem Kreislaufprinzip sind zunächst einmal alle Wirtschaftsgesellschaften organisiert worden, bei denen, wie in der „Utopia" von Thomas Morus, die Arbeit vornehmlich von Sklaven oder Leibeigenen verrichtet wird. Wenn es Privateigentum an menschlicher Arbeitskraft gibt, fehlt der Anreiz für die Entwicklung neuer Produkte und Produktionsverfahren. Aus diesem Grund ist jede Sklavenwirtschaft steril. Im übrigen bestand zwischen Sklaven und Leibeigenen insoweit ein Unterschied, als Sklaven wie Waren an Märkten gehandelt werden, während Leibeigene zum Grundbesitz ihrer Herrschaft gehören und mit diesem verkauft wurden. Beide Formen der Sklavenwirtschaft lassen sich vom frühen Altertum über Ägypten, Babylonien, Griechenland und Rom, die Genuesen und Venezianer bis hin gegen Ende des 19. Jahrhunderts verfolgen, als die letzten Sklavenmärkte in Brasilien verboten wurden. In allen Ländern, in denen die Arbeit von Sklaven gemacht wurde, sind Gewinne weniger in der Produktion als im Handel erzielt worden.

Nach dem Kreislaufprinzip war ebenfalls die Zunftwirtschaft konstruiert, die im Europa des 12. Jahrhunderts entstand, und bis zur Merkantilzeit andauerte. In ihr waren die Produzenten in Gestalt der Handwerksmeister dominant. Neue Produkte und Produktqualitäten ebenso wie die Verwendung leistungsfähigerer Produktionsverfahren waren satzungsmäßig ausgeschlossen, so daß Innovationen allenfalls in Ausnahmefällen vorkommen konnten. Auch die Zahl der Mitarbeiter war begrenzt. Im Regelfall war dem Meister die Beschäftigung von zwei oder drei Gesellen und einem Lehrling erlaubt. Leitfaden des Zunftsystems war die Sicherung eines ruhigen und bequemen Lebens vor allem für die Meister, die zwar Betriebsinhaber waren, aber faktisch keine unternehmerischen Funktionen wahrnahmen, weil Produkte (einschließlich Qualitäten), Kapazitäten, Herstellungsverfahren und Preise als „Daten" vorgegeben waren. Insofern gleicht das Zunftsystem dem neoklassischen Kreislaufmodell der „vollkommenen Konkurrenz".

Die Verwendung des Kreislaufprinzips ist nicht auf Wirtschaftsgesellschaften begrenzt, in denen Privateigentum an Produktionsmitteln besteht. Der Gedanke, daß es primär auf die Verteilung gegebener

---
[31] Nach *Menger* (1923, S. 39) ist sogar „die Größe der jedem Einzelnen ... verfügbaren Güterquantität ... jeweilig durch die Sachlage selbst gegeben". Nach ihm haben wir „keine andere Aufgabe, als diese ... zu inventarisieren und zu messen".

Produkte ankommt, ist auch mit Wirtschaftsgesellschaften verträglich, in denen das Eigentum an produzierten Produktionsmitteln „vergesellschaftet" ist. Staatswirtschaften wie die Sowjetunion arbeiten mit Vier- oder Fünfjahresplänen, in denen jeweils von Staats wegen festgelegt wird, welche Konsum- und Investitionsgüter in den nächsten Jahren herzustellen sind. Diese Vorausplanung, die vielfach die zu produzierenden Güter bis in alle Einzelheiten festlegt, schließt die Entwicklung neuer Produkte und Produktionsverfahren so gut wie völlig aus. Zwischen Idee und Realität ergibt sich dabei ein zunehmender *Widerspruch*, weil diese Länder zwar ihrer Konstruktion nach auf den Kreislauf gegebener Güter zur Befriedigung vorhandener Bedürfnisse angelegt sind, sich aber andererseits in einer Umwelt, in der in Marktwirtschaften ständig neue Konsum- und Kapitalgüter kreiert werden, gegenüber der wirtschaftlichen Entwicklung immer weniger verschließen können. Auch in den Ostblockländern entstehen daher neue Märkte, die wie die Märkte für Autos oder Fernseher, nicht in das starre Kreislaufsystem passen. Auch bei ihren Bevölkerungen werden neue Bedürfnisse geweckt, ein Phänomen, das der Doktrin von den gegebenen Bedarfsstrukturen eindeutig widerspricht.

II. Das Entwicklungsmodell

Nach dem *Entwicklungsprinzip*, das dem sozialökonomischen Prozeß des Leistungswettbewerbs zugrunde liegt, werden alle Kreislaufgrößen fortwährenden (wenn auch nicht kontinuierlich verlaufenden) Wandlungen unterworfen. *Das Angebot wird durch neue Produkte und Produktionsverfahren gestaltet, die Realeinkommen steigen mit der Produktivität und die menschlichen Bedarfsstrukturen entwickeln sich Zug um Zug mit den Mitteln der Bedürfnisbefriedigung.* Bei dieser Wirtschaftsordnung bleiben somit weder die Produkte, welche die Unternehmen herstellen, noch die ökonomischen Bedürfnisse der Menschen, die zur Nachfrage von Gütern führen, noch die Realeinkommen, die zum Erwerb von Gütern zur Verfügung stehen, konstant. Daß dem so ist, zeigt ein Vergleich der Produkte, der Bedürfnisse und der Einkommen unserer Vorfahren mit den Produkten, Bedürfnissen und den Realeinkommen, die in unserer Zeit „vorhanden" sind.

In der Wirtschaftsgeschichte gibt es Ansätze zu einer konsequenten Realisierung des Entwicklungsprinzips erst seit dem 18. Jahrhundert. Vorher waren Incentives für die Kreation neuer Produkte und Produktqualitäten so gut wie unbekannt. Immerhin läßt sich jedoch schon feststellen, daß diese Wirtschaftsordnung nicht, wie vielfach behauptet wird, bedingungslos an die Existenz von Privateigentum gebunden ist. Der Erfolg staatseigener oder durch den Staat kontrollierter Unterneh-

6. Wirtschaftsordnungen nach Kreislauf- und Entwicklungskonzept

men wie dem Volkswagenwerk oder der Lufthansa beweist, daß wichtiger als das Privateigentum die Auswahl der Topmanager und deren Motivation durch gewinnbezogene Tantiemen ist. Auch bei sog. Publikumsgesellschaften wie den Nachfolgern der IG Farben AG spielt das Privateigentum der Aktionäre keine (entscheidende) Rolle. Wie bei den Großbanken haben sich hier die Verwaltungen, und damit Aufsichtsrat und Vorstand, mehr oder minder verselbständigt.[32]

Die grundlegende Entscheidung, die somit bei der Gestaltung einer Wirtschaftsordnung zu treffen ist, betrifft somit weniger die Frage, ob das Eigentum an den produzierten Produktionsmitteln in privater oder staatlicher Hand ist, als die Frage, *ob man dem Kreislaufprinzip oder dem Entwicklungsprinzip den Vorzug gibt*. Je nachdem, ob ein Staat, wie die Sowjetunion, das Kreislaufmodell bevorzugt, bei dem Produktion und Bedarf grundsätzlich traditionsgebunden sind (und sich Produktionserhöhungen im wesentlichen nur durch Sonderschichten resp. Sollübererfüllung erzielen lassen), oder ob ein Staat, wie die USA, dem Entwicklungsprinzip und damit dem sozialökonomischen Prozeß des Leistungswettbewerbs den Vorzug gibt, werden die Ergebnisse sowohl hinsichtlich ihrer Vorteile wie hinsichtlich ihrer Nachteile unterschiedlich sein.

Tafel 7: Systematik der Wirtschaftsordnungen

I. **S t a t i o n ä r e   K r e i s l a u f s y s t e m e ,**

in denen — der Grundidee nach — die gleichen Güter mit den gleichen Produktionsmitteln für vorhandene Bedürfnisse hergestellt werden. Hierzu gehören u. a.

1. *mit Privateigentum an menschlichen Produktionsmitteln:* Sklavenwirtschaft (vom Altertum bis gegen Ende des 19. Jahrhunderts)

2. *mit Privateigentum an produzierten Produktionsmitteln:*

   a) *Handelswirtschaft*, in der — wie bei den Fuggern und Welsern oder der deutschen Hansa — der Handel den Ton angibt,

   b) *Zunftwirtschaft* der Handwerker, in der Produkte, Kapazitäten, Produktionsverfahren, Mitarbeiterzahl und Preise vorgeschrieben sind,

---

[32] Eingehender hierzu *Arndt* (1980, S. 14 ff., S. 22 ff.).

3. *mit Staatseigentum an produzierten Produktionsmitteln:*
Staatswirtschaften nach Art der Sowjetunion, in denen die produzierten Produktionsmittel „vergesellschaftet" sind und die zu produzierenden Güter in Vier- oder Fünfjahresplänen im voraus festgelegt werden.

II. M a r k t w i r t s c h a f t e n ,

die nach dem *Entwicklungsprinzip* arbeiten und durch den sozialökonomischen Prozeß des Leistungswettbewerbs gesteuert werden: Bei ihnen entwickeln sich Produkte, Produktionsverfahren, Realeinkommen und Bedürfnisse.

Marktwirtschaften sind zumindest in gewissem Grade auch mit Staatseigentum vereinbar, wie die Konkurrenz zwischen staatlichen (wie Renault) oder staatlich kontrollierten Unternehmen (wie Volkswagenwerk) mit privaten Unternehmen (Daimler-Benz, BMW, Opel, Ford) beweist.

7. Der Staat und seine Organe gestalten die Wirtschaftsordnung

Wie es keinen Staat ohne Wirtschaft gibt, so gibt es auch keine Wirtschaftsordnung ohne Staat. Die wirtschaftlichen Erscheinungen, die wir in der Realität vorfinden, hängen nicht zuletzt von staatlichen Gesetzen und deren Auslegung durch die Gerichte ab und ändern sich mit ihnen.[33] In der Tat wären Wettbewerbsgesetze überflüssig, wenn sie den Wettbewerb nicht beeinflussen würden. Der Wettbewerb vor und nach Erlaß der Gesetzgebung gegen unlauteren Wettbewerb ist nicht mehr der gleiche. Der Wettbewerb, den Cournot beobachten konnte, und der Wettbewerb, der sich uns heute zeigt, ist nicht mehr derselbe Wettbewerb. Es ist daher wenig sinnvoll, den Einfluß des Staates — wie des von ihm geschaffenen „gesamtwirtschaftlichen Rahmens" — als „exogen" völlig aus der Untersuchung auszuschließen. Alles, was ökonomisch wesentlich ist, ist auch für die Wirtschaftstheorie relevant. Eine Beschränkung auf das, was die neoklassische Theorie für *„endogen"* hält, führt zwangsläufig zu Mißverständnissen. Dies zeigt sich beispielsweise bei der in der Keynes-Schule zu findenden Doktrin, nach der der Staat nur Arbeitslosigkeit beseitigt, aber niemals Arbeitslosigkeit verursacht, obschon die Erfahrungen das Gegenteil beweisen.

Wirtschaftsordnungen sind nicht von Natur gegeben, wie man lange Zeit glaubte und auch heute noch vielfach glaubt, sondern sind Menschenwerk. Dies zeigt die Geschichte der Wirtschaft vom Altertum bis zur Gegenwart, in der bis zur industriellen Revolution in vielen Ländern die Sklavenwirtschaft vorherrschte und im übrigen die dominanten Positionen zwischen Händlern, Handwerkern und Großgrundbesitzern wechselten. Tatsächlich ist die Wirtschaft wie alles, was der Mensch macht, in verschiedener Weise gestaltbar.

Die Ökonomen werden sich an den Gedanken gewöhnen müssen, daß die Völker ihre Wirtschaftsordnung und deren Ausgestaltung frei wählen können, daß aber je nach dem Konstruktionsprinzip die Ergebnisse wechseln, zumal auch Fehlkonstruktionen möglich sind.

Seit Lenin's Experiment einer Staatswirtschaft nach dem Kreislaufprinzip können sich Ökonomen nicht mehr darauf berufen, daß Wirt-

---

[33] Vgl. hierzu und zum folgenden auch den von *Thorstein Veblen* begründeten „Institutionalismus" sowie den „Ordo"-Gedanken der Eucken-Schule.

schaftsordnungen von Natur gegeben sind, und daher, wie die Klassiker glaubten, mit all ihren negativen Folgen wie Verelendung und Krisen als unabwendbares Schicksal hingenommen werden müssen. Die von Marx und Engels vorgetragene Lehre von der geschichtlich notwendigen Entwicklung läßt sich heute ebenso wenig aufrechterhalten wie die These, daß sich eine Wirtschaftsordnung nur durch eine Revolution des Proletariats gegen eine andere Wirtschaftsordnung eintauschen läßt. In den Staaten, die nach dem Zweiten Weltkrieg das sowjetische Wirtschaftssystem übernahmen, war hierfür nicht das Proletariat dieser Länder, sondern primär die Präsenz der russischen Armee verantwortlich. Auch bei der Rückkehr der westlichen Länder zu marktwirtschaftlichen Grundsätzen hat die Hegemonie der Vereinigten Staaten eine gewisse Rolle gespielt. Niemand kann andererseits leugnen, daß die Herstellung der „sozialen Marktwirtschaft" in der Bundesrepublik ein Akt freier demokratischer Entscheidung war. Wäre es nach der damaligen Opposition gegangen, so wäre einem stationären Kreislaufsystem mit staatlich fixierten Preisen — bei gleichmäßiger Verteilung der Armut — der Vorzug gegeben worden und das „deutsche Wirtschaftswunder", das der Wiederbelebung der sozialökonomischen Prozesse des Leistungswettbewerbs zu verdanken ist, hätte es nicht gegeben.

Die Konstruktion einer Wirtschaftsordnung gehört zur Wirtschaftspolitik wie jede staatliche Maßnahme, die den Ablauf der Wirtschaft beeinflußt. Jeder wirtschaftlich relevante Staatsakt, handele es sich um ein Gesetz, einen Richterspruch oder eine Subvention, verändert — mehr oder minder — die Wirtschaftsordnung eines Landes. Wie die Arbeitsschutzgesetzgebung oder die Herstellung der Gewerbefreiheit im 19. Jahrhundert die volkswirtschaftlichen Zusammenhänge nicht unbeeinflußt ließen, so hat die Zulassung freier Gewerkschaften die damals bestehende Wirtschaftsordnung grundlegend verwandelt. Ebenso haben in der deutschen Gegenwart die Verabschiedung des Gesetzes gegen Wettbewerbsbeschränkungen oder die Rechtsprechung zu Streiks und Aussperrungen die Wirtschaftsordnung nicht unangetastet gelassen. Die Wirtschaftsverfassung, die Erhard hinterließ, und die Wirtschaftsverfassung, die Bangemann vorfand, sind nicht identisch.

Eine Wirtschaftsordnung darf nicht nach sich widersprechenden Prinzipien konstruiert werden. Ein Beispiel hierfür ist die Urfassung des „Gesetzes gegen Wettbewerbsbeschränkungen" vom 27. Juli 1957. Während die von Erhard errichtete „soziale Marktwirtschaft" nach dem *Entwicklungsprinzip* konstruiert ist, so daß im Leistungswettbewerb, wie die Erfahrung zeigt, immer wieder neue Produkte und leistungsfähigere Produktionsverfahren eingesetzt werden, ist das Gesetz gegen Wettbewerbsbeschränkungen nach dem *Kreislaufprinzip* konstruiert

7. Gestaltung der Wirtschaftsordnung durch den Staat

worden, nach dem die gleichen Waren stets in gleicher Weise produziert werden. „Von der Marktform der vollständigen Konkurrenz ausgehend" — so heißt es im Generalbericht des Abgeordneten Dr. Hellwig — „stand der Preiswettbewerb im Vordergrund. Seiner in der Marktwirtschaft unentbehrlichen Steuerungsfunktion wegen wurde der Preis als das bei weitem wichtigste Wettbewerbselement bezeichnet".[34] Die Marktform der „vollständigen" oder „vollkommenen" Konkurrenz ist jedoch nicht das wirtschaftspolitische Leitbild einer Marktwirtschaft, in der sich Angebot und Nachfrage entwickeln. Dieses zeit- und raumlose Gleichgewicht schließt nicht nur jeden Preiswettbewerb aus, weil bei ihm der Preis ein Datum ist, sondern eliminiert neben dem Qualitätswettbewerb vor allem auch den Novitäts- und Rationalisierungswettbewerb, auf denen die internationale Wettbewerbsfähigkeit der Bundesrepublik beruht. Die Väter des Gesetzes gegen Wettbewerbsbeschränkungen haben an den Qualitäts- und Entwicklungswettbewerb überhaupt nicht gedacht.

Die herrschende Lehre in unserer Disziplin hat bis zum heutigen Tage keine Theorie entwickelt, die dem Konzept der wirtschaftlichen Entwicklung entspricht. Sie hat sogar auf den Wettbewerb das stationäre Kreislaufschema angewendet, wie die Gleichgewichtsfigur der „vollkommenen Konkurrenz" beweist. Dies hat zu folgenschweren Irrtümern geführt. So hat man auf die vom Leistungswettbewerb gesteuerte Marktwirtschaft Resultate der „Wohlfahrtsökonomie" angewendet, ohne zu beachten, daß diese mit der „vollkommen Konkurrenz" von gegebenen Produkten und Bedarfsstrukturen ausgeht, während es in der Marktwirtschaft auf die wirtschaftliche Entwicklung ankommt. Redistributionen zu Lasten von Unternehmen (und deren Eigentümern) nach den Prinzipien der „Welfare Economics" sind jedoch mit den zur wirtschaftlichen Entwicklung notwendigen Novitätsinvestitionen nicht oder nur bedingt vereinbar.[35] Auch die deutsche Monopolkommission geht in ihrem Mehrheitsgutachten von 1985 von einem stationären Kreislauf aus, wenn sie Industriefirmen nur Ersatzinvestitionen neben einer „Verzinsung des eingesetzten Kapitals" zubilligt. Die Gutachter halten es sogar für möglich, daß die Industrie — wie die Produzenten zur Zeit der Fugger und Welser — „zur Übernahme einer Hilfsfunktion für den Handel gedrängt ... nur noch in dessen Auftrag"[36] produziert: Für Entwicklungsinvestitionen ist in einer Modellwelt kein Platz, in welcher der Handel bestimmt, was die Industrie produziert.

---

[34] Deutscher Bundestag, 2. Wahlperiode 1953, Schriftlicher Bericht des Ausschusses für Wirtschaftspolitik ... über den Entwurf eines Gesetzes gegen Wettbewerbsbeschränkungen, Drucksache 3644, 1158 S. 7 f.
[35] Vgl. *Arndt* (1984 b, S. 32 ff. und vor allem S. 148 ff.) sowie unten S. 128 ff.
[36] *Monopolkommission* (1985, Ziffer 220 Abs. 2).

Die Vermengung der marktwirtschaftlichen Ordnung, der die Entwicklung neuer Konsum- und Kapitalgüter entspricht, mit stationären Kreislaufelementen verursacht zwangsläufig schwere Funktionsstörungen, die im dritten Teil behandelt werden.

DRITTER TEIL

Ruinöse Konkurrenz und andere Entartungen der Marktwirtschaft

Die marktwirtschaftliche Ordnung ist ein Ergebnis menschlicher Planung. Je nach ihrer Konstruktion (oder Fehlkonstruktion) funktioniert eine Marktwirtschaft unterschiedlich. Marktwirtschaftliche Ordnungen entarten im Verlauf ihres Bestehens, wenn Gesetzgebung, Rechtsprechung oder Verwaltung ihre Voraussetzungen mißachten. Sie sind von Anbeginn an mit Fehlern belastet, wenn ihre Planung unzureichend ist, weil ihre Väter sozialökonomische Prozesse mit Gleichgewichtslagen verwechseln oder die Macht zwischen Handel und Industrie oder zwischen Sozialpartnern einseitig verteilen.

1. Entartungen des Leistungswettbewerbs sind von Wettbewerbsbeschränkungen zu unterscheiden

Wie die marktwirtschaftliche Ordnung ist auch ihr Motor, der sozialökonomische Prozeß des Leistungswettbewerbs, nicht von Natur gegeben. Der Mensch kann ihn beschränken und durch Begründung permanenter Machtmonopole gänzlich außer Kraft setzen. *Die Beherrschung eines Bedarfsmarktes* verursacht allerdings nicht nur eine Erhöhung des Preises infolge einer Verknappung des Angebots, sondern — wie wir sahen — auch eine Verschlechterung der Qualität, eine Reduzierung der Haltbarkeit, eine Verringerung der Produktdifferenzierung und beendet den Entwicklungswettbewerb (soweit keine Substitutionskonkurrenz besteht). Kreative Verbesserungen der Produkte ebenso wie Kosteneinsparungen durch Rationalisierungen werden nicht mehr angeregt, wenn es keinen Novitäts- und Rationalisierungswettbewerb mehr gibt.

Der Leistungswettbewerb kann aber auch zu einem ruinösen Wettbewerbsprozeß entarten. Derartige *Entartungen* treten auf, wenn Kreislauf- und Entwicklungskonzept miteinander vermengt werden, das Knappheitsprinzip außer Kraft gesetzt wird und die Auslese nicht mehr von der ökonomischen Leistung, sondern von dem Einsatz wirtschaftlicher Macht abhängt. Die volkswirtschaftlichen Funktionen, die den sozialökonomischen Prozeß des Leistungswettbewerbs auszeichnen, werden von ruinösen Konkurrenzprozessen nicht mehr oder nur noch unvollkommen erfüllt.

Diese Feststellungen machten es notwendig, zwischen Wettbewerbsbeschränkungen und Wettbewerbsentartungen zu unterscheiden, die zumindest in zweierlei Hinsicht grundverschieden sind:

1. Wettbewerbsbeschränkungen beenden den Wettbewerbsprozeß oder reduzieren zumindest seine Intensität, während Wettbewerbsentartungen die Konkurrenz intensivieren, aber mit dem Ausleseprinzip das Wettbewerbsergebnis verfälschen.

2. Wettbewerbsbeschränkungen sind, wie sich beispielhaft am permanenten Machtmonopol zeigt, mit Gleichgewichtsbedingungen vereinbar. Wettbewerbsentartungen treten hingegen ausschließlich im Verlauf von sozialökonomischen Prozessen auf.

Die Untersuchung von Wettbewerbsentartungen ist nur möglich, wenn man die Gleichgewichtsanalyse verläßt und zur Prozeßanalyse übergeht. Wer sich daher, wie die deutsche Monopolkommission, auf die Anwendung von Erkenntnissen der Gleichgewichtstheorie beschränkt, dem bleiben Art und Ursache von Wettbewerbsentartungen verborgen.

Wettbewerbsentartungen entstehen insbesondere, wenn Wettbewerbsteilnehmer in ihren Entscheidungen nicht mehr frei sind[1] oder aus anderen Gründen der Grundsatz der Chancengleichheit ernstlich verletzt ist. Da der sozialökonomische Prozeß des Leistungswettbewerbs nicht nur eine Gleichverteilung der Macht zwischen Industrie und Handel, sondern auch zwischen Geschäftspartnern sowie zwischen Sozialpartnern voraussetzt, werden im Folgenden *beispielhaft* untersucht:

1. Die volkswirtschaftlichen Folgen, die sich ergeben, wenn die Macht zwischen Industrie und Handel ungleich verteilt ist;

2. Die ruinöse Konkurrenz, die sich als Folge ungleicher Machtverteilung innerhalb des Handels ergibt;

3. Die Entartungsprozesse, die sich beobachten lassen, wenn die Reallöhne der Arbeiter infolge einer Fehlkonstruktion der Marktwirt-

---

[1] Auch die ausgebeuteten Arbeiter in der Zeit des staatlichen Koalitionsverbotes, welche bei sinkendem Stundenlohn länger als zuvor arbeiteten, waren in ihren Entscheidungen nicht frei. Das gleiche gilt für die Bauern, die in der Weltwirtschaftskrise bei rapide sinkenden Preisen ihr Angebot erhöhten. In beiden Fällen zwang die Not zu diesem pervertierten Verhalten, durch das ein Käufermarkt nicht überwunden, sondern die Situation der Anbieter noch weiter verschlechtert wird. Vgl. oben S. 88 f.

1. Wettbewerbsbeschränkungen u. prozessuale Wettbewerbsentartungen

schaft trotz Produktivitätsentwicklung auf dem Existenzminimum verharren;

4. Die Störungen, die als Folge einer Benachteiligung der Unternehmen bei der Verteilung des Produktivitätswachstums auftreten;
5. Die Folgen, die entstehen, wenn Kreislauf- und Entwicklungskonzept — wie bei der Wohlfahrtsökonomie — miteinander vermengt werden.[2]

Im abschließenden Kapitel wird aufgezeigt, warum Vollbeschäftigung in einer Marktwirtschaft primär vom Gleichklang der wirtschaftlichen Entwicklung und nur sekundär vom Wachstum abhängig ist.

---

[2] Oszillationsprozesse, die durch übertriebene Erwartungen hervorgerufen werden, sind hingegen nicht Gegenstand dieser Untersuchung. Siehe hierzu Arndt (1976, insb. S. 77 ff.).

2. Das Funktionieren des sozialökonomischen Prozesses des Leistungswettbewerbs hängt von der Machtverteilung zwischen Industrie und Handel ab

Die Macht kann zwischen Industrie und Handel unterschiedlich verteilt sein. Diese Feststellung, die sich in dem Gutachten der deutschen Monopolkommission vom April 1985 findet, ist allein schon deshalb bemerkenswert, weil sie dem neoklassischen — von der Kommissionsmehrheit übernommenen — Konzept widerspricht, nach dem es keine andere Quelle von Macht außer der Marktbeherrschung gibt. Die Verfasser des Gutachtens irren jedoch, wenn sie leugnen, „daß per se dem einen oder dem anderen System ein höheres Maß gesamtwirtschaftlicher Funktionsfähigkeit zugesprochen werden" kann[3]. Diese Behauptung wäre allenfalls dann haltbar, wenn Handel und Industrie die *gleichen* volkswirtschaftlichen Funktionen erfüllen. Dem ist jedoch nicht so. *Die ökonomischen Funktionen von Handel und Industrie sind grundverschieden: Der Handel dient der Verteilung, die Industrie der Produktion.*

Der Handel erschließt neue Bezugs- und Absatzwege. Er kann auch durch Computerkassen oder Selbstbedienung die Distributionskosten mindern. Er ist indessen nicht wie die Industrie in der Lage, neue Produkte und Produktionsverfahren zu kreieren. Nur Industrieunternehmen wie Daimler-Benz oder Siemens vermögen durch die Kreation neuer Produkte neue Bedarfsmärkte zu begründen (wie die Märkte für Automobile und Elektrogeräte) und durch Einführung neuer Produktionsverfahren die Produktionskosten je Stück zu senken (oder die Qualität ihrer Produkte zu verbessern).

Infolge dieser elementaren Unterschiede der Funktionen ergeben sich aus einer einseitigen Machtverteilung zu Gunsten des Handels und zu Lasten der Industrie schwerwiegende Folgen für die Zukunft der Wirtschaft. Ist nämlich der Handel in der stärkeren Position, wie dies etwa zur Zeit der Fugger und Welser oder in der Ära der deutschen Hansa der Fall war, so ist zwar noch die Erschließung neuer Märkte in anderen Regionen der Erde möglich, die Kreation neuer Konsum- und Kapitalgüter ist jedoch ebenso wie die Entwicklung neuer Produktionstechniken nicht mehr zu erwarten. Die wirtschaftliche Entwicklung, die neue Produkte hervorbringt, Bedürfnisse weckt und Realeinkommen

---

[3] *Monopolkommission* (1985, Ziffer 214), die nur ausspricht, was viele Theoretiker und Praktiker denken.

2. Ungleiche Machtverteilung zwischen Industrie und Handel

erhöht, endet, wenn „die Industrie zur Übernahme einer Hilfsfunktion für den Handel gedrängt ... und nur noch in dessen Auftrag" produziert[4]. Der Handel kann zwar von vorhandenen Gütern kleine oder größere Mengen ordern, er kann auch deren Preise drücken, aber die Kreation von Novitäten, von neuen Konsum- und Kapitalgütern, kann er ebenso wenig diktieren wie die staatliche Bürokratie.

Preiswettbewerb, auf den die neoklassische Theorie primär abstellt, läßt sich allerdings noch beobachten, wenn der Handel die Industrie zur Hilfsfunktion degradiert. Allerdings ist dieser Preiswettbewerb so gut wie ausschließlich auf die Großunternehmen des Einzelhandels beschränkt und endet, sobald eines dieser Großunternehmen (oder eine Gruppe von ihnen) ein Marktmonopol gewonnen hat.

In einer Gesellschaft, in welcher der Handel dominiert, läßt sich neben dem Preiswettbewerb auch *Qualitätswettbewerb* beobachten. So können nachfragestarke Handelsunternehmen, um sich einen Wettbewerbsvorsprung zu verschaffen, ihren Lieferanten bestimmte Qualitäten vorschreiben oder Qualitätskontrollen vornehmen, wie teils mittelalterliche Praktiken, teils Beispiele aus der Gegenwart zeigen. Diese Einflußnahme ist freilich auf Qualitäten beschränkt, die bereits bekannt sind. Daß Händler von ihren Lieferanten Qualitäten verlangen, die es noch nicht gibt, ist bisher jedenfalls nicht festgestellt worden. Und selbst dieser Rest von Qualitätswettbewerb endet, wenn die restlichen Großunternehmen die Marktzonen unter sich aufteilen oder ein Großunternehmen allein am Bedarfsmarkt übrig bleibt.

Der Handel versagt völlig, wenn es um den *Entwicklungswettbewerb* geht. In einer Volkswirtschaft, in welcher der Handel bestimmt, was die Industrie zu produzieren hat, gibt es ebenso wie im Kreislaufmodell einer „reinen Tauschwirtschaft" keine neuen Konsumgüter, keine neuen Investitionsgüter und keinen Anstieg der Realeinkommen mehr.

Ist umgekehrt der Handel unterlegen, so schreiben die Industriefirmen dem Handel Preise und Qualitäten vor, so daß die Händler nur noch „bestimmen, welche Mengen sie zu den fixierten Konditionen beziehen"[5]. Sieht man von der Erschließung neuer Bezugs- und Absatzmärkte in fremden Ländern ab (falls es diese überhaupt noch gibt!), so „gehen aktive Wettbewerbsimpulse nur von den Produzenten aus"[6]. Um welche Wettbewerbsimpulse geht es jetzt jedoch? Die deutsche Monopolkommission, die nur Preise (und Mengen) als unternehmerische Aktionsparameter kennt, denkt bei Wettbewerbsimpulsen ausschließlich

---

[4] Ebenda, Ziffer 220 Abs. 2.
[5] Ebenda, Ziffer 215 Abs. 3.
[6] Ebenda, Ziffer 215 Abs. 4.

an preispolitische Aktivitäten. Sie übersieht dabei die volkswirtschaftlichen Funktionen, die Produzenten erfüllen, wenn sie ihre Qualitäten den veränderten Konsumentenwünschen anpassen oder wenn sie durch die Kreation neuer Produkte einen zusätzlichen Bedarf wecken resp. durch leistungsfähigere Produktionsverfahren einen Anstieg der Realeinkommen ermöglichen. Die wirtschaftliche Entwicklung liegt außerhalb der Vorstellungswelt von Ökonomen, die in einer Volkswirtschaft nichts anderes als eine „reine Tauschwirtschaft" sehen.

Ihre sozialökonomischen Funktionen erfüllt die Industrie im Leistungswettbewerb auch dann, wenn der Handel ein gleichberechtigter Partner ist. Es ist nur notwendig, daß die Rechtsordnung die erforderlichen Anreize für Innovationen gewährt und die Industrie nicht an der Ausübung ihrer spezifischen Funktionen, nämlich neue Produkte und Produktionsverfahren zu kreieren, durch übermächtige Großunternehmen des Einzelhandels gehindert wird. Dies wirkt sich sowohl auf den Preis- und Qualitätswettbewerb als auch auf den Entwicklungswettbewerb positiv aus.

Der *Preiswettbewerb* erhält einen völlig anderen Charakter, wenn Industriefirmen ihre Kosten durch Rationalisierung senken und diese Kostensenkungen unter dem Druck der Konkurrenz zur Verbilligung ihrer Erzeugnisse verwenden. Erst durch den Rationalisierungswettbewerb gewinnt der Preiswettbewerb jene *dynamische* Dimension, die den sozialökonomischen Prozeß des Leistungswettbewerbs auszeichnet. *Ein Preiswettbewerb, der nicht durch den Rationalisierungswettbewerb dynamisiert wird, ist weitgehend steril.*

Der *Qualitätswettbewerb* wird ebenfalls intensiviert, wenn nicht nur bekannte Qualitäten miteinander, sondern auch neue Qualitäten mit den herkömmlichen konkurrieren. Der Qualitätswettbewerb ist dann nicht mehr allein auf den Übergang von inferioren Gütern zu superioren Gütern resp. bei fallenden Realeinkommen auf den Übergang von superioren zu inferioren Gütern beschränkt, sondern wird durch die Kreation neuer und besserer Qualitäten in die stimulierenden Wirkungen der wirtschaftlichen Entwicklung einbezogen. *Der Entwicklungswettbewerb ist es, der im sozialökonomischen Prozeß des Leistungswettbewerbs dem Preis- und Qualitätswettbewerb jene Intensität verleiht, die sich derzeit (noch) in der westlichen Welt beobachten läßt.*

Ist die Industrie nicht mehr dem Handel untertan, so kann sich der Entwicklungswettbewerb in vollem Umfang entfalten. Es verdrängen jetzt nicht nur bessere Produkte herkömmliche Waren und neue Methoden der Produktion die alten und damit zugleich veralteten Verfahren, sondern es entstehen auch ganz neue Bedarfsmärkte, durch

2. Ungleiche Machtverteilung zwischen Industrie und Handel

deren Substitutionskonkurrenz vorhandene Märkte schrumpfen und in einigen Fällen untergehen.

Eine Analyse, welche die Konkurrenz auf einen bloßen Preiswettbewerb bei gegebenen Qualitäten und Produktionsverfahren reduziert und damit die Entwicklung der Produkte, der Produktionsverfahren, der Bedürfnisse der Konsumenten wie des „Inputs" der Produzenten ausschließt, verkennt die unterschiedlichen Wirkungen, die Industrie und Handel auf die wirtschaftliche Entwicklung ausüben.

> This need not be confined to restriction of purchases but may involve in addition measures designed to intimidate ...
>
> William J. Baumol

3. Ruinöse Konkurrenzprozesse entstehen, wenn die Macht zwischen Anbietern und Nachfragern ungleich verteilt ist

Die Analyse kompliziert sich, wenn man nicht mehr von „dem" Handel und „der" Industrie ausgeht, sondern die *unterschiedliche Verhandlungsmacht von Geschäftspartnern* einbezieht, *die nicht auf Marktbeherrschung, sondern auf Unterschieden in der Entscheidungsfreiheit von Wirtschaftern beruht*. Zwar besitzt jeder Monopolist Macht, weil er einen Bedarfsmarkt beherrscht und alle Nachfrager dieses Bedarfsgutes daher auf ihn angewiesen sind. Es ist jedoch keineswegs jeder Wirtschafter, der über wirtschaftliche Macht verfügt, ein Monopolist.

Obschon *Wirtschaftsmacht ohne Marktbeherrschung* seit rd. 200 Jahren bekannt ist, wird ihre Existenz noch heute von vielen Autoren geleugnet, weil sie mit den Prämissen der neoklassischen Schule aus zwei Gründen nicht vereinbar ist:

1. Sie ist keine Gleichgewichtslage, sondern ein prozessuales Phänomen. 2. Sie entsteht nicht, wenn alle Wirtschafter gleich und frei sind, sondern sie tritt auf, wenn Unterschiede in der Information[7] und vor allem in den Freiheitsgraden der Wirtschafter bestehen. Schon *Jeremy Bentham, Karl Marx, Gustav Schmoller* und vielen anderen Ökonomen war bekannt, daß *die Beschränkung der Entscheidungsfreiheit für sich allein ausreicht, um einen Wirtschafter, sei er Unternehmer, Arbeiter oder Konsument, der Willkür seines Partners auszuliefern. Ist die Entscheidungsfreiheit ungleich verteilt, so kann ein Wirtschafter den anderen „ausbeuten" (Marx, Schmoller) oder „einschüchtern" (Baumol).*

In der Realität, in der wir leben, haben weder alle Marktteilnehmer die gleiche Übersicht, noch besitzen sie die gleiche Entscheidungsfreiheit. Weder die Freiheit noch die Chancen sind im realen Wirtschaftsgeschehen stets gleichmäßig verteilt. In sozialökonomischen Prozessen ist es daher durchaus möglich, daß ein Geschäftspartner stärker ist als der andere, ohne Marktmacht zu besitzen *(Partnermacht i. e. S.)*. Ein Wirt-

---

[7] Zur *Insidermacht*, die hier nicht weiter behandelt wird, vgl. Arndt (1980, S. 19 ff., 26 ff., 148 ff.).

3. Ungleiche Machtverteilung zwischen Anbietern und Nachfragern 111

schafter kann daher dominant und ein anderer abhängig sein, wobei die Abhängigkeit — und zwar keineswegs nur im Fall der Sklaverei — so weit gehen kann, daß der abhängige Partner keine Entscheidungsfreiheit mehr besitzt. So bestand nach dem 1967 abgelösten Umsatzsteuerrecht der BRD ein sog. „Organverhältnis", „wenn ein Unternehmen einem anderen Unternehmen derart untergeordnet ist, daß es *keinen eigenen Willen* hat"[8].

Partnermacht tritt an Geld-, Güter- und Arbeitsmärkten auf[9]. Ein Kreditgeber verfügt über Partnermacht, wenn er fällige Schuldscheine oder Wechsel in der Hand hat, der Schuldner aber — vielleicht als Folge von Investitionen — in diesem Zeitpunkt illiquide ist. In diesem Fall ist der Inhaber der Wechsel in der dominanten und der Schuldner in der abhängigen Position. Unter Umständen übt sogar ein Kreditnehmer Partnermacht aus. Dies ist zu beobachten, wenn eine Bank einem Schuldner im Verhältnis zur eigenen Kapitaldecke unverhältnismäßig hohe Kredite gewährt hat, wie dies offenbar bei dem altrenommierten Frankfurter Bankhaus Schröder, Münchmeyer, Hengst & Co. gegenüber der IBH-Holding geschehen ist. Der Konkurs des Schuldners zieht dann zwangsläufig den eigenen Ruin nach sich, so daß dem Gläubiger kaum etwas anderes übrig bleibt, als weitere Kredite zu gewähren, — in der meist trügerischen Hoffnung, daß sich die Marktlage grundlegend ändert oder ein Wunder geschieht. Unter diesen Umständen ist der Kreditnehmer dominant und der Kreditgeber abhängig[10].

Partnermacht an Gütermärkten üben Anbieter oder Nachfrager aus, wenn sie die Abhängigkeit von Geschäftspartnern ausnutzen. Dabei ist zwischen Anbieter- und Nachfragermacht zu unterscheiden[11].

Anbietermacht liegt vor, wenn Nachfrager derart auf ihre Lieferanten angewiesen sind, daß sie nicht oder jedenfalls nicht ohne unverhältnismäßige Nachteile auf andere Anbieter ausweichen können. So

---

[8] *Hoffmann* (1960, S. 1141). Zu der in diesem Zusammenhang aufgestellten „Sklaventheorie", vgl. *Bühler* (1956, S. 313, Fußnote 2).
[9] Vgl. *Arndt* (1973, S. 134 ff., 158 ff.).
[10] Wer allerdings unterstellt, daß sich ein Wirtschafter „unter Bedingungen wirksamen Wettbewerbs frei entscheiden" kann (*Mestmäcker*, 1984, S. 259) schließt Unterschiede in der Entscheidungsfreiheit generell aus dem Wettbewerb aus. Ein Wirtschafter, der von seinem Geschäftspartner abhängig geworden ist, kann sich jedoch ebenso wenig „frei" entscheiden wie ein Arbeiter (oder ein Bauer), dessen Realeinkommen unter das Existenzminimum sinkt und dem daher nichts anderes übrig bleibt, als sich „wettbewerbswidrig" zu verhalten und bei fallenden Löhnen (oder Preisen) sein Angebot zu erhöhen, damit er und seine Familie nicht verhungern. (Vgl. hierzu oben S. 88 f.). *In jedem Fall, in dem im Wettbewerb die Entscheidungsfreiheit von Wirtschaftern ernstlich beschränkt oder aufgehoben ist, verwandelt sich der sozialökonomische Prozeß des Leistungswettbewerbs in ruinöse Konkurrenz.*
[11] Was z. B. *Mestmäcker* (1984, S. 259 f.) ebenfalls übersieht.

112 III. Teil: Ruinöse Konkurrenz u. andere Entartungen d. Marktwirtschaft

gab es vor Erlaß des Automobile Dealer Franchise Act in den USA für die Autohändler keine andere Möglichkeit, als sich den Forderungen der Lieferanten zu beugen oder in Konkurs zu gehen, weil ihre Verträge kurzfristig kündbar waren und Ford oder Chrysler keine früheren Händler von General Motors (und vice versa) beliefert hätten. Überdies sind Originalersatzteile für die Wagen ihrer bisherigen Stammkunden nach Beendigung der Geschäftsbeziehung nicht mehr erhältlich. Ebenso war es Schleussner nicht möglich, eine bestimmte Chemikalie, die er in der Fabrikation als Katalysator verwendete, durch andere, am Bedarfsmarkt erhältliche, Chemikalien zu ersetzen, ohne den Produktionsprozeß zu ändern, was hohe Kosten verursacht hätte. Als sein Lieferant diese Situation auszunutzen versuchte, indem er Schleussner durch unregelmäßige Belieferung die bestehende Abhängigkeit spüren ließ, blieb Schleussner kaum eine andere Wahl, als den Betrieb zu veräußern (auch wenn er nicht an diesen Lieferanten, sondern an ein amerikanisches Unternehmen verkaufte). — Als John D. Rockefeller Ende vorigen Jahrhunderts feststellte, daß Andrew Carnegie Erze für seine Stahlwerke über die oberamerikanischen Seen transportieren mußte, ohne eigene Schiffe zu besitzen, begann er heimlich, die Erzdampfer aufzukaufen oder zu chartern, um Carnegie auf diese Weise in Verlegenheit zu bringen. Als Carnegie dies merkte, versuchte er zwar Rockefellers Pläne zu durchkreuzen, indem er ebenfalls Schiffe erwarb. Da die von ihm zusammengekaufte Flotte jedoch nicht ausreichte, um eine Auslastung seiner Kapazitäten sicherzustellen, blieb ihm keine andere Wahl, als seine Stahlwerke an Paul Morgan zu veräußern, der mit Rockefeller zusammenarbeitete.[12]

Nachfragermacht[13] besitzen Wirtschafter, die in der Lage sind, ihren Lieferanten Anweisungen zu erteilen. Ein Nachfrager ist z. B. dominant, wenn er von einem Fabrikanten einen so hohen Prozentsatz von dessen Ausbringung bezieht, daß dieser ihn nicht verlieren kann, ohne in rote Zahlen zu geraten. Ein Kunde, der laufend 30 % der Produktion abnimmt, ist kurzfristig nicht ersetzbar. Stellt nun dieser Großabnehmer unseren Fabrikanten vor die Wahl, entweder seine „Sonderwünsche" (z. B. 40 % Rabatt u. dgl.) zu erfüllen oder ihn als Kunden zu verlieren, so wird sich der Lieferant — nolens, volens — für den ersten Weg entscheiden, wenn dies das kleinere Übel ist. Ist die Entscheidungsfreiheit, wie im Fall unseres Fabrikanten eingeschränkt, ist er — mit anderen Worten gesagt — in seinen Entscheidungen nicht mehr oder

---

[12] *Arndt* (1980, S. 88 ff.). Der dominante Partner kann seine Machtposition in zweierlei Weise ausnutzen: 1. zur Erpressung besserer Geschäftsbedingungen und 2. zur Übernahme der abhängigen Firma zum Schleuderpreis.
[13] Die Bezeichnung Nachfragemacht ist irreführend, weil die Macht nicht von der Nachfrage, sondern von nachfragenden Unternehmen ausgeübt wird.

3. Ungleiche Machtverteilung zwischen Anbietern und Nachfragern

nur noch bedingt frei, so werden keine Äquivalente mehr getauscht. Der schwächere Partner hat nur noch die Wahl zwischen einem kleineren und einem größeren Übel.

Anbieter- und Nachfragermacht sind prozessuale Erscheinungen, die mit dem Gleichgewichtsphänomen der Marktbeherrschung nichts zu tun haben. Sie sind Folge einer Fehlkonstruktion der Marktwirtschaft und in vielen Fällen Ursache von ruinösen Wettbewerbsprozessen, die — wenn man sie ungestört ablaufen läßt — in permanenten Machtmonopolen enden. Sie bleiben daher Ökonomen (und Juristen) verborgen, solange sie sich auf die Analyse von Marktformen und damit von Gleichgewichtslagen beschränken.

Partnermacht als prozessuales Phänomen zeichnet sich somit durch folgende Eigenschaften aus:

1. Es stehen sich dominante und abhängige Partner gegenüber.
2. Die Entscheidungsfreiheit des abhängigen Wirtschafters ist eingeschränkt oder aufgehoben, *ohne* daß der dominante Partner (bereits) den Markt beherrscht.
3. Partnermacht als prozessuales Phänomen ist keine Gleichgewichtslage und daher auch keine „Marktform".
4. Partnermacht beendet nicht wie ein Machtmonopol den ökonomischen Prozeß des Wettbewerbs, sondern läßt ihn entarten, bevor es zu einer Beschränkung des Wettbewerbs kommt.

Die Überlegenheit eines Partners kann ein individuelles und ein sozialökonomisches Phänomen sein und demgemäß auch verschiedene Ursachen haben[14]. Sie kann durch das gesetzte Recht sowie durch dessen Auslegung durch die Gerichte, aber auch in einem — mehr oder weniger — irrationalen Verhalten der schwächeren Partner begründet sein. Ein Beispiel für ein irrationales individuelles Verhalten liegt z. B. vor, wenn ein Unternehmen Investitionen durch Wechsel finanziert, wohlwissend, daß es sie am Fälligkeitstag nicht einlösen kann, aber in der Erwartung, daß die Wechsel solange prolongiert werden, bis die neuen

---

[14] Die *Ursachen* für Partnermacht (ohne Marktbeherrschung) sind nicht minder mannigfaltig als die Ursachen, die ein Monopol begründen. Partnermacht kann sogar durch den Gesetzgeber legalisiert werden. So behandelt das *deutsche Aktiengesetz* in § 308 ff. den Beherrschungsvertrag und in § 311 ff. die faktische Beherrschung. Gemäß § 308 Akt.Ges. ist die herrschende Gesellschaft berechtigt, der abhängigen Gesellschaft „Weisungen" zu erteilen, die für diese „nachteilig sind", und zwar ohne Rücksicht darauf, ob es sich bei diesen Unternehmen um Konkurrenten oder um Partner handelt. Dies ist deshalb so bemerkenswert, *weil diese Vorschriften der von Mestmäcker, Kantzenbach u. a. vertretenen These, daß es keine Partnermacht (ohne Marktbeherrschung) gäbe, eindeutig widersprechen*. Im übrigen behandeln auch die Vorschriften des § 26 Abs. 2 Satz 2 und Abs. 3 Satz 2 GWB Partnermacht ohne Marktbeherrschung. Vgl. hierzu *Arndt* (1985 a, S. 55 ff.).

Produktionsanlagen sich insoweit amortisiert haben, daß man wieder liquide ist. Nichts hindert jedoch den Aufkäufer solcher Wechsel, jede weitere Prolongierung von bestimmten Bedingungen abhängig zu machen, da der Schuldner, nicht zuletzt infolge der Vorschriften des Wechselrechts, in einer wehrlosen Position ist, in die er sich selbst gebracht hat. Dem Wechselschuldner, der im Zeitpunkt der Fälligkeit nicht zahlen kann, bleibt dann nichts anderes übrig, als diese Bedingungen, so hart und so unverschämt sie auch sein mögen, zu erfüllen, wenn er nicht sein Lebenswerk auf's Spiel setzen will. Entweder er gibt nach oder sein Unternehmen geht Konkurs oder in andere Hände über.

Der ruinöse Verdrängungsprozeß, der in der Bundesrepublik Deutschland seit nunmehr rd. 30 Jahren vor sich geht, ist zum Unterschied vom vorhergehenden Fall kein individuelles, sondern ein *soziales* Phänomen. Er ist auch nicht durch den Leichtsinn der schwächeren Wirtschafter ausgelöst worden, sondern die Folge davon, daß *die Entscheidungsfreiheit der Lieferanten rechtlich eingeschränkt* worden ist. Sie besitzen nicht mehr das Recht, sich ihre Betriebswege frei auszusuchen, sondern werden infolge der ständigen Rechtsprechung des Bundesgerichtshofs zu § 26 Abs. 2, Satz 2 GWB gezwungen, im Regelfall auch Discountketten-Konzerne und andere Großunternehmen des Einzelhandels zu beliefern, ob ihnen das paßt oder nicht. Dies ist schon deshalb ein schwerwiegender Eingriff in die Wettbewerbsfreiheit, weil Discount-Ketten, Warenhauskonzerne usw. für sich allein stark genug sind und daher nicht wie kleine oder mittlere Fachgeschäfte oder sog. „Tante-Emma-Läden" eines besonderen Rechtsschutzes bedürfen. Indem der Bundesgerichtshof Fabrikanten wie Rossignol[15] der Rechtspflicht unterwarf, nachfragestarke (fast) ebenso wie nachfrageschwache Handelsunternehmen zu beliefern, schuf er eine *einseitige, mit den Prinzipien des Leistungswettbewerbs unvereinbare, Verteilung der Macht* zugunsten von Großunternehmen des Einzelhandels.

Der Bundesgerichtshof hat in die Wettbewerbsfreiheit in zweierlei Weise eingegriffen:

1. Er hat die Lieferanten der Freiheit beraubt, über ihren Vertriebsweg selbst zu bestimmen.

2. Er hat damit zugleich die nachfragestarken Handelsunternehmen dominant werden lassen: Die Großabnehmer können jetzt *ihre Lieferanten gegeneinander ausspielen:* Sie sind in der Lage, ohne Schwierig-

---

[15] Vgl. zum Rossignol-Fall das Urteil des BGH in NJW 1976, S. 801 ff. Selbst der BGH hat nicht behauptet, daß Rossignol marktbeherrschend oder dominant ist, als es diese Firma dazu verurteilte, mehrere Läden einer Discountkette zu beliefern. Er stellt sogar ausdrücklich fest: Mit Satz 2 (von § 26 Abs. 2) „sollen zusätzlich Unternehmen erfaßt werden, die ... nicht marktbeherrschend sind" (ebenda, S. 802).

3. Ungleiche Machtverteilung zwischen Anbietern und Nachfragern

keit von einem Lieferanten zum anderen zu wechseln, während der Lieferant, wenn und solange sie es von ihm verlangen, zur Lieferung verpflichtet ist.

Infolge des ihnen auferlegten Kontrahierungszwangs können sich selbst große Industriefirmen nicht dagegen wehren, daß Großunternehmen des Einzelhandels ihre Bestellungen ausdehnen, bis ihre Lieferanten auf ihre Kundschaft angewiesen sind. Haben sie aber erstmal dieses Ziel erreicht, so können die Großunternehmen des Einzelhandels für eine Fortsetzung der Geschäftsbeziehungen Forderungen stellen und Preisnachlässe, günstigere Konditionen, „Jubiläumsgeschenke" u. dgl. verlangen. Auf kleinere Kunden kann ein Fabrikant ohne weiteres verzichten. Von ihnen gibt es (noch) genug. Bei Großkunden ist dies anders. Sie sind nur schwer oder überhaupt nicht ersetzbar. Ein Fabrikant, der 30, 40 oder 50 Prozent seiner Erzeugung an drei oder vier Großabnehmer liefert, ist nicht mehr in der Lage, deren Forderungen abzulehnen. Denn im Vergleich zu den gestellten Forderungen ist der Verlust dieser Großabnehmer das größere Übel[16].

Die durch die Rechtsprechung des BGH begründete Dominanz der Großunternehmen des Einzelhandels beeinflußt die sozialökonomischen Prozesse in zweierlei Weise:

1. Im Handel entsteht ein ruinöser Konkurrenzprozeß, weil und soweit Großunternehmen des Einzelhandels ihre günstigeren Einkaufsbedingungen als Mittel des Verdrängungswettbewerbs gegenüber ihren (nachfrage-)schwächeren Konkurrenten einsetzen.

2. In den betroffenen Firmen der Konsumgüterindustrie sinkt mit den Gewinnen die Investitionsquote, was sich zum einen nachteilig auf die internationale Konkurrenzfähigkeit der Konsumgüterindustrie und zum anderen nachteilig auf die volkswirtschaftliche Investitionsquote auswirkt. Beides beeinflußt die Beschäftigung eines Landes negativ.

I. Der Konzentrationsprozeß im Handel

Nur die Großunternehmen des Einzelhandels können dank des Kontrahierungszwangs ihre Lieferanten gegeneinander ausspielen. Sie bezahlen daher dank ihrer Nachfragermacht nur einen Bruchteil der Preise, die von den noch übrig gebliebenen Fachgeschäften verlangt werden und erhalten Zahlungskonditionen und sonstige Vergünstigungen, von denen die anderen Einzelhändler nur träumen können. Der

---

[16] Wenn Autoren wie Walras, Menger und Jevons und neuerdings Juristen wie Mestmäcker unterstellen, daß alle Wirtschafter gleich und frei in ihren Entscheidungen sind, so ist nur ein „Tausch von Aequivalenten" möglich. Die Wahl zwischen einem kleineren und einem größeren Übel gibt es dann nicht. Leider entspricht dieses Wunschbild nicht der Realität.

hierdurch ausgelöste Konzentrationsprozeß ist kein Gleichgewicht und läßt sich daher auch nicht mit den Werkzeugen der neoklassischen Gleichgewichtstheorie erfassen. Er ist jedoch im realen Wirtschaftsgeschehen existent und vernichtet nicht die leistungsschwachen, sondern *die nachfrageschwachen* Unternehmen ohne Rücksicht auf ihre Effizienz[17]. Allein im Lebensmittelhandel ist in der Bundesrepublik Deutschland zwischen 1969 und 1979 die Zahl der Unternehmen von 165 910 auf 103 025 und damit in rd. neun Jahren um 38 % gesunken. In der Zeit von 1980 bis 1982 ergab sich nach der Umsatzsteuerstatistik ein weiterer Rückgang um 4 %[18]. Auf anderen Konsumgütermärkten ist der Konzentrationsprozeß noch nicht in dem gleichen Tempo beschleunigt worden. Es läßt sich jedoch nicht leugnen, daß sich an anderen Bedarfsmärkten, wie Drogerien, Optik, Elektrogeräten usw., die gleiche verhängnisvolle Entwicklung wie im Lebensmittelhandel abzuzeichnen beginnt.

Konzentrationsprozesse als solche sind der Marktwirtschaft eigentümlich. Auf schrumpfenden Märkten finden stets Konzentrationsprozesse statt, deren Effekt jedoch bei funktionierendem Leistungswettbewerb durch *Dekonzentrationsprozesse auf neuen Märkten* ausgeglichen wird, an denen sich dank des Nachahmerwettbewerbs die Zahl der Unternehmen erhöht. Dieser Ausgleich findet indessen nicht statt, wenn Konzentrationsprozesse auf alten Märkten beschleunigt und Dekonzentrationsprozesse auf neuen Märkten infolge rückläufiger Entwicklungsinvestitionen verlangsamt werden. Die Folge ist ein Zerstörungsprozeß, der die Marktwirtschaft in dem gleichen Umfang unterminiert, in dem die Konzentrationsprozesse die Dekonzentrationsprozesse überwiegen.

II. Die Verringerung der volkswirtschaftlichen Investitionsquote

Je mehr die Unternehmen der Konsumgüterindustrie von ihren Großabnehmern ausgebeutet werden, desto geringer wird mit ihren Gewinnen ihre Investititionsquote und desto weniger neue Konsumgüter und Konsumgutqualitäten werden entwickelt. Deckt die Investitionsquote nur noch den Bedarf an Ersatzinvestitionen, wie dies überraschenderweise den Vorstellungen der Monopolkommission entspricht[19], so sinkt die Quote der Entwicklungsinvestitionen auf Null. Entwicklungs- wie Erweiterungsinvestitionen werden zwar normalerweise teils aus Gewinnen und teils aus Krediten finanziert. Woher sollen aber Unternehmen, die keinerlei Gewinne erzielen, die erforderlichen Mittel erhalten? Und welches Interesse haben sie an diesen Investitionen, wenn sie auch in Zukunft nicht mit Gewinnen rechnen können?

---

[17] Ebenso *Monopolkommission* (1985, Ziffer 223).
[18] Ebenda, Ziffer 65.
[19] Ebenda, Ziffer 158.

3. Ungleiche Machtverteilung zwischen Anbietern und Nachfragern 117

Die Unternehmen sind in diesem Extremfall weder fähig noch willens, Novitäts- und Rationalisierungsinvestitionen durchzuführen. Die Entwicklung neuer und billigerer Konsumgüter findet dann nur noch im Ausland statt.

III. Der fehlerhafte Ansatz

Der deutsche Bundesgerichtshof hat in seiner Interpretation des § 26 Abs. 2, Satz 2 GWB zunächst einmal übersehen, daß die „Abhängigkeit" des einen Partners die „Dominanz" des anderen voraussetzt. Daß Produzenten generell gegenüber Großunternehmen des Handels dominant sind, hat bisher niemand behauptet. Tatsächlich ist es meist umgekehrt. Denn die Großunternehmen des Einzelhandels sind es, die ihre Lieferanten zwingen, ihnen niedrigere Preise und günstigere Konditionen als anderen Kunden zu gewähren[20], während die Hersteller zunehmend entmachtet werden, wie selbst die Monopolkommission einräumt[21]. Daß aber jemand, der gegenüber einem anderen dominant ist, gleichzeitig von diesem abhängig sein soll, ist eine „contradictio in adjecto".

Der Bundesgerichtshof geht ebenso wie die Monopolkommission vom Leitbild eines bloßen Preiswettbewerbs aus und kommt hierdurch dazu, Fachgeschäfte und Discountunternehmen usw. für gleichartig zu halten. Er verkennt damit die Bedeutung, die Fachgeschäfte für den Entwicklungswettbewerb besitzen. Discountunternehmen beschränken sich im allgemeinen darauf, ein relativ kleines Sortiment gängiger und seit längerer Zeit bei den Verbrauchern eingeführter Produkte zur Selbstbedienung zu offerieren. Fachgeschäfte erfüllen hingegen außer der Kundenberatung eine Aufgabe, die für das Fortbestehen des Entwicklungswettbewerbs im gesamten Konsumgüterbereich eine „conditio sine qua non" ist. Sie erschließen nämlich für neue und daher noch nicht gängige Produkte überhaupt erst die Absatzwege, die bei Novitäten nicht wie bei herkömmlichen Produkten „vorhanden" sind. Ohne die Erfüllung dieser Funktion des Fachhandels ist auch ein Novitätswettbewerb zwischen den Herstellern nicht mehr möglich.

Der Bundesgerichtshof geht ebenso wie das Aprilgutachten der Monopolkommission von dem Modell eines Wirtschaftskreislaufes aus, in dem neue Produkte und leistungsfähigere Produktionsverfahren keine Rolle spielen. *Eine Marktwirtschaft wie die Bundesrepublik arbeitet jedoch nicht nach dem Kreislauf-, sondern nach dem Entwicklungsprinzip.* Eine Beschränkung der Konsumgüterindustrien auf Ersatzinvestitionen und

---

[20] Ebenda, Ziffer 156 und 158 f.
[21] Ebenda, Ziffer 142 II. — Weder das GWB noch der Bundesgerichtshof verlangt, daß Hersteller, die dem Kontrahierungszwang unterworfen werden, marktbeherrschend sind.

der damit verbundene Verzicht auf die Entwicklung neuer Produkte und leistungsfähigerer Produktionsverfahren hätte daher, konsequent durchgeführt, eine Reihe verhängnisvoller Folgen, die freilich nicht sofort, sondern erst im Zeitablauf nach und nach sichtbar werden:

1. Das Ende des Entwicklungswettbewerbs im Konsumgütersektor;

2. Eine Reduzierung des Preis- und Qualitätswettbewerbs auf „vorhandene" Güter — sofern Novitäten nicht importiert werden;

3. Eine zunehmende Verringerung der Wettbewerbsfähigkeit gegenüber dem Ausland, in dem es im Konsumgüterbereich weiterhin Entwicklungsinvstitionen und damit neue resp. bessere Konsumgüter gibt;

4. Ein Funktionsverlust beim Handel, der zum bloßen Verteiler bekannter Güter wird, — und damit einhergehend eine Vernichtung des Fachhandels, der in einer reinen Kreislaufwirtschaft ohne jede wirtschaftliche Entwicklung überflüssig ist, und

5. eine Massenarbeitslosigkeit von bisher noch unbekannten Ausmaßen, die nicht nur auf der Verdrängung kleiner und mittlerer Fachgeschäfte, sondern vor allem auch auf dem *negativen Investitionseffekt* beruht. Zum einen entfallen im Grenzfall alle Entwicklungsinvestitionen in der Konsumgüterindustrie. Zum anderen schrumpft der Export von Konsum- und Investitionsgütern, weil ein Land, dessen Konsumgüterindustrie keine Aufträge mehr für Entwicklungsinvestitionen vergibt, auch hinsichtlich der Entwicklung neuer und leistungsfähigerer Investitionsgüter hinter dem Ausland zurückbleibt. Je schneller die Entwicklung in anderen Ländern voranschreitet, desto mehr Produkte des entwicklungsfeindlichen Landes werden am Weltmarkt zu unverkäuflichen Ladenhütern und desto mehr Waren werden aus dem Ausland importiert.

Glücklicherweise ist die Realität komplizierter als derartige Denkmodelle. Immerhin lehren diese Überlegungen, daß sich Volkswirtschaften wie die BRD oder Großbritannien in einer Weltwirtschaft auf die Dauer nur behaupten können, wenn sie sich nicht — wie die deutsche Monopolkommission oder der Bundesgerichtshof — nach den Regeln eines stationären Kreislaufs, sondern nach den Grundsätzen wirtschaftlicher Entwicklung richten. Kein marktwirtschaftlich orientiertes Land kann ohne Novitäts- und ohne Rationalisierungsinvestitionen in einer Weltwirtschaft bestehen. Der Niedergang der britischen Industrie nach dem Zweiten Weltkrieg infolge einer von den Anhängern der „Welfare Economics" bestimmten Wirtschaftspolitik bietet hierfür ein warnendes Beispiel[22].

---

[22] Vgl. unten S. 128 ff.

4. Eine Fehlkonstruktion der Marktwirtschaft liegt vor, wenn die Mehrheit der Bevölkerung vom Produktivitätswachstum ausgeschlossen wird

Wie Ökonomen der Gegenwart den ruinösen Verdrängungsprozeß im Handel mit intensivem Wettbewerb verwechseln, so hielten Ökonomen des vorigen Jahrhunderts die damals zu beobachtende Verelendung der Arbeiter für die natürliche Folge des „kapitalistischen Systems". Tatsächlich war sie, wie wir heute wissen, kein Naturereignis, sondern die Folge einer *Fehlkonstruktion der Marktwirtschaft,* für die der Staat und die von ihm gesetzte Rechtsordnung die Verantwortung trägt.

Als vor rd. zweihundertfünfzig Jahren die Voraussetzungen für die *erste* Marktwirtschaft der menschlichen Geschichte geschaffen wurden, waren die Konstruktionsprinzipien, nach denen der sozialökonomische Prozeß des Leistungswettbewerbs arbeitet, noch weitgehend unbekannt. Man glaubte, daß es nur auf die Befreiung der Unternehmer von staatlicher Bevormundung im Sinne eines „Laissez faire" ankomme, und fand dementsprechend nichts dabei, die Freiheit der Arbeiter durch ein staatliches Koalitionsverbot zu beschränken, zumal die Fürsten daran interessiert waren, die Löhne zu drücken, um sich hierdurch die für Heer und Hof benötigten Waren so billig wie nur möglich zu verschaffen. An die ökonomischen Folgen, die sich ergeben, wenn in einer Volkswirtschaft infolge von Rationalisierungsinvestitionen das Sozialprodukt pro Kopf der Bevölkerung wächst, der Reallohn der Arbeiter aber auf gleicher Höhe verharrt oder sogar noch sinkt, hat damals niemand gedacht und — da etwas derartiges bisher noch gar nicht vorgekommen war — wohl auch nicht denken können.

Ökonomisch lag die Problematik damals wie folgt:

1. Infolge der Entfesselung der Produktivkräfte durch den sozialökonomischen Prozeß des Leistungswettbewerbs steigt das Sozialprodukt. Je mehr die Unternehmen rationalisieren, desto höher wird der Produktionsausstoß je Arbeiter.

2. Infolge des staatlichen Koalitionsverbots sinkt das Pro-Kopf-Realeinkommen der (unqualifizierten) Arbeiter, bis es langfristig auf dem physiologischen Existenzminimum verharrt, so daß die Arbeiter trotz der zunehmenden Auswahl an Gütern und trotz steigender Arbeitsproduktivität weniger als vorher konsumieren.

Die Wirtschaftsordnung, die im 18. und 19. Jahrhundert in den Industriestaaten vorherrschte, ist somit nach zwei sich widersprechenden Prinzipien konstruiert worden: *die Produktion nach dem Entwicklungsprinzip, so daß immer mehr und immer billigere Produkte hergestellt werden, und die Konsumtion des überwiegenden Teils der Bevölkerung nach dem (stationären) Kreislaufprinzip, nach dem stets die gleiche Menge von Gütern vorhanden ist.*

Der sich hieraus ergebende Widerspruch entfällt nur, wenn ein allmächtiger Staat — wie etwa in der Sowjetunion — existiert, der jenen Teil der Produktion für sich in Anspruch nimmt, der den Arbeitern vorenthalten wird, was einem Staat um so leichter fällt, je langsamer das Sozialprodukt wächst.

Tatsächlich sind im „Kapitalismus" des 18. und 19. Jahrhunderts die Arbeiter, in Fabriken konzentriert und des Schutzes von Gewerkschaften wie jeglichen Kündigungsschutzes beraubt, dem Diktat — und damit der Anbietermacht — der Fabrikherren schutzlos ausgeliefert gewesen. Für Fabrikanten, die 100, 200 oder 500 Arbeitskräfte beschäftigen, ist ein Arbeiter, der nicht über eine besondere Qualifikation verfügt, jederzeit gegen einen beliebigen anderen Arbeiter austauschbar. Für jeden (unqualifizierten) Arbeiter ist jedoch der Arbeitsplatz die einzige Existenzgrundlage. Er ist daher gegenüber seinem Arbeitgeber in der Abhängigkeitsposition, so daß er sich nicht wehren kann, wenn der Stundenlohn gesenkt und die Arbeitszeit ausgedehnt wird, bis der Lohn bei maximaler Wochenarbeitszeit gerade noch zur Befriedigung der lebensnotwendigen Bedürfnisse ausreicht.

Klassische Ökonomen haben — ungeachtet der staatlichen Eingriffe in die Machtverteilung an Arbeitsmärkten — das Existenzminimum mit dem *natürlichen Gleichgewichtslohn* identifiziert. So ist für *David Ricardo* „der natürliche Preis der Arbeit... jener Preis, welcher nötig ist, die Arbeiter in den Stand zu setzen, einen wie den anderen, sich zu erhalten und ihr Geschlecht fortzupflanzen ohne Vermehrung oder Verminderung"[23]. Ricardo unterstellt somit ein (stationäres) Kreislaufmodell, in dem nicht nur die gleichen Mengen mit den gleichen Produktionsmethoden hergestellt werden, sondern auch die Zahl der Arbeitskräfte (langfristig) konstant bleibt. Er abstrahiert außerdem von den unterschiedlichen Arbeitsqualitäten, wenn er den Elendslohn eines unqualifizierten Arbeiters für den „natürlichen Preis der Arbeit" erklärt. Sein stationäres Kreislaufmodell entspricht jedoch nicht der Realität des 19. Jahrhunderts. In den Industriegesellschaften vermehren sich mit der wirtschaftlichen Entwicklung die Qualitäten der Waren, die Produktivität und die Bevölkerung, während der Entgelt für Arbeit mit

---

[23] *Ricardo* (1922, S. 81).

4. Ausschluß der Bevölkerungsmehrheit vom Produktivitätswachstum 121

deren Qualifikation variiert. Auch bei einem Verbot von Gewerkschaften sind Spitzenkräfte nicht beliebig austauschbar. Allein die unqualifizierten Arbeiter, die damals freilich den größten Teil der Bevölkerung bildeten, waren der Macht ihrer Arbeitgeber voll ausgeliefert. Und selbst dies erweist sich bei genauerer Analyse nicht als Folge eines Naturgesetzes, sondern als Resultat eines staatlichen und damit menschlichen Eingriffs, der nichts anderes bezweckt, als die Löhne so niedrig wie möglich zu halten.

Ebenso wenig schlüssig wie die Lehre vom natürlichen Lohn war der Versuch späterer Ökonomen, die Ausbeutung der Lohnarbeiter als Folge eines Monopols der Arbeitgeber zu erklären. Aus drei Gründen ist dieser Erklärungsversuch verfehlt. Erstens sind zu jener Zeit die Löhne nicht durch Arbeitgeberverbände festgesetzt worden, die es damals noch gar nicht gab, sondern sind von den einzelnen Fabrikanten diktiert worden, die in Liverpool oder Manchester ebenso wie in Essen oder Berlin miteinander konkurrierten. Zweitens fehlen die Voraussetzungen des stationären Kreislaufmodells, dem die neoklassische Marktformenlehre entspricht. Schon damals haben Novitätsinvestitionen neue Produkte und neue Märkte kreiert, die neue Bedürfnisse und neuen Bedarf wecken, während Rationalisierungsinvestitionen gleichzeitig die Produktivität und damit das Pro-Kopf-Einkommen im Durchschnitt steigen lassen, auch wenn die Arbeiter infolge des Gewerkschaftsverbots von den Früchten der wirtschaftlichen Entwicklung ausgeschlossen sind. Endlich bleiben Menschen, die als Folge der „Unterkonsumtion" arbeitslos werden, von ihrem Schicksal keineswegs unberührt[24], sondern sind einem Verelendungsprozeß unterworfen, der viele von ihnen — wie Marx beschreibt — zum „Lumpenproletariat" absinken läßt. Die Wandlungen, denen ausgebeutete Menschen unterworfen sind, lassen sich ebenso wie die Wirkungen der wirtschaftlichen Entwicklung nicht mehr mit Hilfe der Gleichgewichtstheorie, sondern allein mit Hilfe der Prozeßanalyse erklären.

Aus diesem Grund ist es auch unzulässig, auf die ökonomischen Probleme, die sich in Marktwirtschaften nach der Konstitution von Gewerkschaften und Arbeitgeberverbänden ergeben, die neoklassische Theorie des bilateralen Monopols anzuwenden. Selbst wenn man unterstellt, daß die Gewerkschaften das Angebot für Arbeit und die Arbeitgeberverbände die Nachfrage nach Arbeit beherrschen (was nicht oder nur bedingt zutrifft), darf doch nicht übersehen werden, daß die Sozialpartner nicht mit Gleichgewichtslagen, sondern mit sozialökonomischen Prozessen konfrontiert sind, in denen es um taktische Entscheidungen geht, die es in Gleichgewichtslagen überhaupt nicht gibt. Es ist daher

---

[24] Was auch *Keynes* in seiner „Allgemeinen Theorie" verkennt.

auch nicht möglich, generell zu behaupten, daß Gewerkschaften das Arbeitsangebot beschränken, um die Löhne zu erhöhen. So haben beispielsweise die deutschen Gewerkschaften, aber auch die Gewerkschaften in anderen Ländern der westlichen Welt, nichts dagegen unternommen, daß in den sechziger und siebziger Jahren Millionen von Gastarbeitern einwanderten, die das Arbeitsangebot beträchtlich erhöhten.

Die Fehlkonstruktion der Marktwirtschaft traf die Arbeiter im 19. Jahrhundert in doppelter Hinsicht. Sie wurden nicht nur von der Produktivitätsentwicklung und damit zugleich vom Angebot an Novitäten ausgeschlossen, sondern außerdem auch noch in zunehmendem Maße freigesetzt, weil ihre eigene Nachfrage nach den Gütern der industriellen Massenproduktion zur Erhaltung von Vollbeschäftigung nicht ausreichte. In einer Marktwirtschaft, in der mit der Produktivität das durchschnittliche Realeinkommen steigt, entsteht Arbeitslosigkeit, wenn die Nachfrage des größten Teils der Bevölkerung auf das Existenzminimum sinkt und dort verharrt. Daher ist die von vielen Ökonomen — und nicht zuletzt von Erich Preiser — diskutierte Frage, ob die Unterbeschäftigung des 19. Jahrhunderts auf Unterkonsumtion oder auf Überproduktion beruht, nur aus der Sicht des Kreislaufdenkens verständlich. *In einem sozialökonomischen Prozeß entsprechen sich Unterkonsumtion und Überproduktion.* So ist denn auch die damalige Unterbeschäftigung die Folge davon gewesen, daß die *Konsumtion der Arbeiter und ihrer Familien* auf dem gleichen Stand *verharrt*, nachdem sie zunächst sogar gesunken ist, während sich die *Produktion und damit das Output eines Arbeiters mit der Produktivität* ständig weiter *erhöht*, wenn man von Krisenzeiten absieht. In einer Marktwirtschaft, in der sich infolge von Novitäts- und Rationalisierungsinvestitionen Bedarf und Produktion *entwickeln*, setzt Vollbeschäftigung eine Beteiligung aller Bevölkerungsschichten am Wachstum des Sozialprodukts voraus. Und eben dies war am Ende des 18. und während des 19. Jahrhunderts infolge einer vom Staat verursachten Fehlkonstruktion der Marktwirtschaft nicht der Fall.

> Noch Anfang der siebziger Jahre — in den Zeiten der Vollbeschäftigung und der hohen Wachstumsraten — konnte man fordern, daß mit Hilfe von Steuererhöhungen die *„Grenzen der Belastbarkeit"* des ganzen Systems erprobt würden.
>
> Karl Schiller

5. Unterbeschäftigung entsteht ebenfalls bei einer Benachteiligung der Unternehmen

Die Einflüsse der wirtschaftlichen Entwicklung auf die Beschäftigung gleichen sich nur aus, wenn Novitätsinvestitionen den Bedarf in gleichem Umfang steigern wie die Produktivitätsentwicklung die Realeinkommen, die für die Bedarfsdeckung zur Verfügung stehen. Fehlt dieser Gleichklang in den sozialökonomischen Wirkungen der wirtschaftlichen Entwicklung, so entwickeln sich Nachfrage und Angebot unterschiedlich[25]. Die Folge ist entweder ein Mangel an Gütern oder ein Mangel an Arbeit.

Wächst die Nachfrage schneller als das (effektive) Angebot an Gütern, wie sich dies vornehmlich in Staatswirtschaften beobachten läßt, die mit Marktwirtschaften konkurrieren, so entstehen *Versorgungslücken*. Die Bewohner von Ländern wie Polen oder Ungarn können viele der Waren nicht oder nur gelegentlich kaufen, die ihnen von Werbespots des Westfernsehens bekannt sind. Aus Marktwirtschaften sind ähnliche Störungen in Friedenszeiten nicht bekannt geworden.

Wächst nun umgekehrt das (potentielle) Angebot an Gütern schneller als die Nachfrage, so verursacht dies in Marktwirtschaften *Arbeitslosigkeit*. Forcieren Unternehmen ihre Rationalisierungsinvestitionen und stellen dafür Novitätsinvestitionen zurück, so entwickelt sich der volkswirtschaftliche Bedarf langsamer als die volkswirtschaftliche Produktivität. Es fehlt (wie im Keynes-Fall) an effektiver Nachfrage, aber dies ist hier *nicht Folge ungleicher Verteilung, sondern Folge disproportionaler Entwicklung*. Der Unterschied zwischen einer ungleichmäßigen Verteilung und einer ungleichmäßig verlaufenden Entwicklung ist für die Beschäftigungsproblematik von elementarer Bedeutung:

---

[25] In Gleichgewichtslagen stimmen Angebot und Nachfrage stets überein. In sozialökonomischen Prozessen, in denen es keine unendliche Anpassungsgeschwindigkeit gibt und sich Angebot und Nachfrage im Zeitablauf unterschiedlich entwickeln, weichen Angebot und Nachfrage voneinander ab.

1. Arbeitslosigkeit ist primär ein Verteilungsproblem, wenn die unqualifizierten Arbeitskräfte am Wachstum des realen Pro-Kopf-Einkommens nicht oder nur unzureichend partizipieren, wie dies bis zu Beginn dieses Jahrhunderts — und vielfach sogar noch darüber hinaus — der Fall war. Hier ist nicht nur aus sozialen, sondern auch aus ökonomischen Gründen eine „Redistribution von Reich zu Arm" notwendig. Nicht weil die Reichen nichts mit den Spitzenbeträgen anzufangen wissen (wie Keynes meint), sondern weil die unqualifizierten Kräfte von der Bedarfsentwicklung ausgeschlossen sind, bleibt die Nachfrage nach Gütern der industriellen Massenproduktion hinter dem (potentiellen) Angebot zurück. Durch Erhöhung der Reallöhne ist daher unter diesen Bedingungen eine Annäherung an Vollbeschäftigung erreichbar.

2. Arbeitslosigkeit ist hingegen primär ein Entwicklungsproblem, wenn die Umverteilung die Investitionstätigkeit der Unternehmen in Mitleidenschaft zieht und dadurch die Richtung der wirtschaftlichen Entwicklung negativ beeinflußt. Niemand kann in der Tat erwarten, daß sich Umverteilungen von „Reich zu Arm" unbegrenzt fortsetzen lassen, ohne daß die Wirkungen umschlagen und statt zusätzlicher Arbeitsplätze infolge der Verringerung von Novitätsinvestitionen Unterbeschäftigung entsteht. Dies gilt vor allem dann, wenn die Redistribution nicht zu Lasten reicher Nichtstuer, sondern zu Lasten von Unternehmen und deren Beschäftigten erfolgt.

Eine Umverteilung zu Lasten der Unternehmen kann durch Steuern wie durch Erhöhungen der Löhne resp. der Lohnkosten erfolgen. Der Beschäftigungseffekt ist (trotz gewisser Unterschiede in den Wirkungen[26]) grundsätzlich der gleiche:

1. Unternehmen reduzieren ihre Novitätsinvestitionen und verlangsamen damit die Entwicklung neuer Produkte und Produktqualitäten, wenn Gewinne durch den Staat so hoch besteuert werden, daß sich die mit Kreation und Vermarktung von Novitäten verbundenen Risiken nicht mehr oder jedenfalls in nicht mehr ausreichendem Umfang lohnen. Je mehr der Staat an den Gewinnen partizipiert und je mehr er andererseits den Unternehmen die Verlustrisiken beläßt, desto weniger Risikobereitschaft ist bei den Unternehmen vorhanden. Rationalisierungsinvestitionen werden hierdurch in weitaus geringerem Umfang tangiert. Wenn die leistungsfähigeren Produktionsverfahren bereits anderweitig ausreichend ausprobiert wurden, wie heute beispielsweise Roboter oder Computer, sind sie von den Unternehmen ohne besondere Risiken einsetzbar.

---

[26] Vgl. *Arndt* (1984 b, S. 143 ff.).

5. Unterbeschäftigung bei Überlastung der Unternehmen

2. *Unternehmen forcieren ihre Rationalisierungsinvestitionen*, wenn die Lohnkosten im Verhältnis zu den — im Inland und Ausland — erzielbaren Preisen zu hoch sind. Je höher Lohnkosten sind, desto lohnender wird der Ersatz von Arbeit durch Maschinen und desto größer wird die Arbeitslosigkeit. Je mehr sich Unternehmen auf Rationalisierungsinvestitionen konzentrieren und je mehr sie dafür Novitätsinvestitionen zurückstellen, desto größer wird die Diskrepanz in der Entwicklung von (potentiellem) Angebot und (effektiver) Nachfrage. Höhere Reallöhne begünstigen hier zwar kurzfristig diejenigen, die noch beschäftigt sind, haben jedoch in jedem Fall einen asozialen Effekt im Hinblick auf jene, die hierdurch arbeitslos werden oder bleiben. Insofern hängt die Beschäftigung in einer Marktwirtschaft von den Lohnvereinbarungen der Sozialpartner und der Höhe der vom Staat festgesetzten Sozialbeiträge ab. In einer demokratischen Gesellschaft sind neben dem Staat primär die Gewerkschaften und die Arbeitgeberverbände für die Beschäftigung verantwortlich.

Eine Umverteilung, die Menschen arbeitslos macht, weil sie Novitätsinvestitionen reduziert und das Wegrationalisieren von Arbeitsplätzen fördert, ist nicht sozial. Es kommt hinzu, daß sich eine Verlangsamung der wirtschaftlichen Entwicklung (und jede Erhöhung der Arbeitslosigkeit) langfristig auch auf das Wachstum der Realeinkommen negativ auswirkt. Es liegt daher im Interesse aller Arbeitskräfte, der Beschäftigten wie der Arbeitslosen, wenn sich Gewerkschaften bei dieser Art von Unterbeschäftigung statt für höhere Löhne für eine Vermehrung der Arbeitsplätze einsetzen[27].

Verursacht die Redistribution der Einkommen Arbeitslosigkeit, weil sie die Kreation von Novitäten erschwert und die Vornahme von Rationalisierungsmaßnahmen begünstigt, so ist im Interesse der Wiedereingliederung von Arbeitslosen in den Produktionsprozeß eine *Revision* der Verteilungspolitik erforderlich. *Nicht mehr eine Redistribution zugunsten der Noch-Beschäftigten, sondern eine Redistribution zugunsten der Unternehmen bringt unter diesen Bedingungen neue Arbeitsplätze hervor.* Dies gilt gleichermaßen für die Finanzpolitik des Staates wie für die Lohnpolitik der Sozialpartner, zumal nicht vergessen werden darf, daß hohe Steuern und überhöhte Lohnkosten die „*Schattenwirtschaft*" begünstigen: Arbeitskräfte, die Arbeitslosenunterstützung oder Sozialhilfe beziehen, werden ebenso wie illegale Einwanderer von gewissenlosen Unternehmern beschäftigt, die hierdurch Steuern, Sozialbeiträge und sogar einen Teil des Lohnes sparen. Je mehr Schwarz-

---

[27] Vgl. hierzu *Nell-Breuning* (1984, S. 217 ff.) sowie *Oberhauser* (1984, S. 212 ff.), s. ferner *Külp* (1979, S. 201 ff.).

arbeit sich lohnt, desto weniger ehrliche Arbeit gibt es[28]. Auch dies verfälscht den Wettbewerb. — In Wohlstandsgesellschaften — wie den Mitgliedsstaaten der Europäischen Gemeinschaften — entfällt endlich der beschäftigungspolitisch positive Nachfrageeffekt von Lohnerhöhungen, wenn diese nicht — wie zumeist implicit unterstellt — im Inland, sondern für Auslandsreisen u. dgl. ausgegeben werden.

Aus den vorstehenden Überlegungen ergeben sich zugleich Folgerungen für die *Verteilung der Macht zwischen den Sozialpartnern:*

Sind die *Arbeitgeber* in der stärkeren Position, weil sie — wie im vorigen Jahrhundert — durch das staatliche Arbeitsrecht begünstigt werden, so bleiben die Reallöhne hinter der Produktivitätsentwicklung zurück. Es entsteht Arbeitslosigkeit infolge von „Unterkonsumtion" bzw. „Überproduktion". Die Unterbeschäftigung wird in diesem Fall nicht, wie man bei oberflächlicher Betrachtung meinen könnte, durch den Einsatz von Maschinen, sondern durch die Benachteiligung des Produktionsfaktors Arbeit bei der Verteilung verursacht. Jede Erhöhung der Reallöhne verringert hier die Arbeitslosigkeit.

Sind die *Gewerkschaften* umgekehrt in der stärkeren Position, weil infolge des staatlichen Arbeitsrechts Streiks leichter als Aussperrungen durchzuführen sind, so werden die Reallöhne schneller steigen als die Produktivität und die Unternehmen zusätzlich angeregt, Handarbeit durch Maschinenarbeit zu ersetzen. Auch unter diesen Umständen entsteht die Arbeitslosigkeit nicht durch den Einsatz von Robotern, sondern durch die im Verhältnis zur Produktivitätsentwicklung resp. im Verhältnis zum Angebot neuer Produkte und Produktqualitäten überhöhten Reallöhne. Jede weitere Erhöhung der Reallöhne vergrößert in dieser Situation die Unterbeschäftigung.

Damit ergibt sich: *Es liegt im Interesse beider Sozialpartner, wenn die Macht und damit zugleich die Machtmittel gleichmäßig verteilt werden:* Sind die Gewerkschaften in der besseren Position, so bekommen diejenigen, die ihren Arbeitsplatz behalten, nicht zuletzt deswegen höhere Löhne, weil andere Arbeitskräfte ihren Arbeitsplatz verlieren. Wird hierdurch die wirtschaftliche Entwicklung negativ beeinflußt, so bedeutet dies zugleich, daß die Realeinkommen in Zukunft langsamer wachsen und unter Umständen sogar sinken werden. Gewerkschaften, die nicht allein die Interessen der Noch-Beschäftigten, sondern auch die *Interessen der Arbeitslosen* — und damit die Interessen aller Arbeits-

---

[28] Nach von Emil Küng zitierten (nur bedingt vergleichbaren und nicht unproblematischen) Schätzungen beträgt der Anteil der *Schattenwirtschaft* für die Bundesrepublik (1976) 39,5 %, für Spanien 22,9 % sowie für Schweden (1978) 13 % und im gleichen Jahr für die Schweiz 4,5 % und Japan 3,9 %. Vgl. *Küng* (1986, S. 11 f.).

5. Unterbeschäftigung bei Überlastung der Unternehmen

kräfte — vertreten, sind daher gut beraten, wenn sie bei ihren Forderungen von der tatsächlichen Produktivitätsentwicklung ausgehen.

Eine solche Politik ist freilich für die Sozialpartner nicht so einfach, wie dies klingt. Dabei geht es noch nicht einmal primär darum, daß man eine solche Taktik auch den Mitgliedern verständlich machen muß. Viel entscheidender ist die Frage, wie die Produktivitätsentwicklung in einer Wirtschaftsgesellschaft aufzuteilen ist, die ja nicht nur aus Arbeitern und Unternehmen, sondern auch aus Personen besteht, die wie Staatsdiener, Arbeitslose oder Rentner an der Erstellung des Sozialproduktes nicht beteiligt sind. Wie jedoch die Erfahrung in marktwirtschaftlich organisierten Gesellschaften zeigt, werden auch diese Gruppen durch Erhöhungen ihrer Bezüge in ähnlicher Weise wie die im Produktionsprozeß Tätigen berücksichtigt. Hieraus folgt zweierlei:

1. Je höher der Anteil der nicht im Produktionsprozeß Beschäftigten, desto kleiner ist der Anteil, der von der Produktivitätsentwicklung für Unternehmen und deren Mitarbeiter verbleibt.

2. Je größer die Zahl der Arbeitslosen, desto langsamer wächst (resp. desto stärker verringert sich) das Realeinkommen der Noch-Beschäftigten, das ohne eine weitere Erhöhung der Arbeitslosigkeit verteilt werden kann. Langfristig sind daher auch die Beschäftigten ebenso wie die Unternehmen an einer Minimierung der Unterbeschäftigung interessiert.

Insofern gibt es im sozialökonomischen Prozeß des Leistungswettbewerbs eine Art von *Interessenharmonie zwischen Arbeitern, Unternehmen und Arbeitslosen*, die nicht von Natur gegeben, aber vom Menschen gestaltbar ist. Es ist *eine Aufgabe*, genauer gesagt: eine *Gestaltungsaufgabe*, die durch den Fehlstart der Marktwirtschaft als Folge des staatlichen Koalitionsverbots sowie der Vermengung von Kreislauf- und Entwicklungskonzept bisher verkannt worden ist. Erkennen jedoch die Beteiligten, daß Wirtschaft kein Naturereignis, sondern Gegenstand menschlicher Gestaltung ist, so wird auch dieses Problem lösbar.

> Die Wohlfahrtsökonomie ist ein Gedankenmodell,
> das für eine sozialistische, diktatorisch gelenkte Wirtschaftsordnung vielleicht einen Sinn ergeben mag,
> mit den Grundlagen eines freiheitlichen Systems
> jedenfalls unvereinbar sein dürfte.
>
> Artur Woll

6. Die Vermengung von „Welfare Economics" und Leistungswettbewerb hemmt und verfälscht die wirtschaftliche Entwicklung

Zwischen der Wohlfahrtsökonomie und dem Konzept der wirtschaftlichen Entwicklung besteht ein unvereinbarer Widerspruch. Die Wohlfahrtsökonomen gehen in ihrem Ansatz vom Kreislaufkonzept aus. Sie unterstellen vorhandene Güter und gegebene Bedürfnisse[29] und fragen, wie diese Güter zu verteilen sind: „On the assumption that the rich spend so as to satisfy all their material wants, a redistribution in favor of the poor would permit more material wants to be satisfied"[30]. Das Entwicklungskonzept geht hingegen davon aus, daß Güter ebenso wenig wie (ökonomisch relevante) Bedürfnisse gegeben sind, sondern sich entwickeln, und daß daher die unternehmerischen Novitäts- und Rationalisierungsinvestitionen der Gegenwart über den Wohlstand der Zukunft entscheiden.

Werden — wie im *Kreislaufkonzept* — Warenvorräte und Bedarf als gegeben unterstellt (und die Nachfrage mit dem Konsum identifiziert), so ergibt sich, daß der gleiche Geldbetrag „a greater pleasure" für die Armen als für die Reichen bedeutet, — eine Feststellung, die *Alfred Marshall* schon 1885 getroffen hat[31]. Sind dagegen — wie im *Entwicklungskonzept* — Produktionsverfahren ebenso wie Produkte und Bedarf gestaltbar, so ergibt sich, daß die Investition von heute die Armut von morgen beseitigt resp. den Wohlstand in der Zukunft erhöht. *Da Entwicklungsinvestitionen zwangsläufig den Gegenwartskonsum schmä-*

---

[29] So liegt nach Bonus und Ribhegge „das große Verdienst der Wohlfahrtsökonomie und der allgemeinen Gleichgewichtstheorie ... darin, nachgewiesen zu haben, daß es der (vollkommene) Markt ist ... der durch die ‚List der Konkurrenz' die paretianischen Marginalbedingungen verwirklicht", wobei Pareto ebenfalls vorhandene Güter und gegebene Bedarfsstrukturen unterstellt. Vgl. *Holger Bonus* und *Hermann Ribhegge* (1986, S. 5).
[30] *Cooter* and *Rappoport* (1984, S. 513).
[31] *Marshall* (1885, S. 31).

6. Verkennung der Prozeßproblematik durch die Wohlfahrtsökonomie

lern, ist eine Verteilung des Sozialprodukts, die in der Gegenwart den Wohlstand maximiert, nicht mit der Verteilung vereinbar, die eine optimale Entwicklung des Wohlstands möglich macht. Eine Maximierung des Wohlstands in der Gegenwart schließt eine Maximierung der Wohlstandsentwicklung (wenn nicht überhaupt jede Entwicklung des Volkswohlstands) aus.

Es wäre jedoch ein Irrtum, hieraus zu folgern, daß die Wohlfahrtsökonomie von Anbeginn die Entwicklung des Wohlstands negativ beeinflußt hätte. Solange die Armen oder — ökonomisch exakter — die Arbeiter Reallöhne erhielten, die im Verhältnis zu ihrem Anteil am Wachstum des Sozialprodukts zu niedrig waren, haben Redistributionen im Sinne der Wohlfahrtsökonomie sowohl die Wohlstandsentwicklung als auch die Beschäftigung positiv beeinflußt. Wie die deutschen *Kathedersozialisten* vor ihnen haben auch die englischen Wohlfahrtsökonomen ihren Beitrag dazu geleistet, daß die Arbeiter im Verteilungskampf zu gleichberechtigten Partnern wurden.

Der Einfluß der „Welfare Economics" führt jedoch zu einer Fehlkonstruktion der Marktwirtschaft, wenn bei der Verteilung des Sozialprodukts auf die Entwicklungsaufgaben der Unternehmen keine Rücksicht genommen wird und statt reicher Nichtstuer Firmen und ihre Geldgeber durch die Redistribution betroffen werden. Die Wohlfahrtsökonomie stellt die dem Kreislaufkonzept entsprechende Frage: Wie lassen sich vorhandene Güter auf die in einer Volkswirtschaft gegebenen Bedürfnisse optimal verteilen? In einer Marktwirtschaft, die nach dem Entwicklungsprinzip konstruiert ist, lautet dagegen die entscheidende Frage: Wie ist die wirtschaftliche Entwicklung zu gestalten, daß die Entwicklung des Bedarfs der Entwicklung der Produktivität entspricht?

Vermengt man nun diese beiden Prinzipien, indem man in die Marktwirtschaft Elemente des wohlfahrtsökonomischen Kreislaufprinzips einbaut, so ist die zwangsläufige Folge, daß die wirtschaftliche Entwicklung reduziert und verfälscht wird. Die wirtschaftliche Entwicklung wird beeinträchtigt, wenn und soweit Einkommensteile, die bislang für Entwicklungsinvestitionen verwendet wurden, konsumiert (z. B. für Auslandsreisen verwendet) werden. Und die wirtschaftliche Entwicklung wird verfälscht, wenn die Unternehmen Novitätsinvestitionen zurückstellen und dafür Rationalisierungsinvestitionen bevorzugen, um die — durch die Redistribution überhöhten — Lohnkosten zu senken. In diesem Fall ist die Wohlfahrtsökonomie die Ursache dafür, daß der Wohlstand langsamer zunimmt oder sogar sinkt, und daß Arbeitslosigkeit entsteht, weil der Bedarf langsamer wächst als die Produktivität.

Endlich verursachen die Lehren der Wohlstandsökonomie *partielle* Arbeitslosigkeit, wenn sie eine der unterschiedlichen Arbeitsproduktivität nicht entsprechende Nivellierung der Löhne zur Folge haben. Je weniger beispielsweise die Leistungen von unqualifizierten Arbeiterinnen und Arbeitern der Höhe ihrer Entlohnung entsprechen, desto mehr lohnt es sich, ihre Arbeit durch Maschinen zu ersetzen, und desto stärker werden diese Gruppen von Werktätigen von Arbeitslosigkeit betroffen. In einer Staatswirtschaft ist eine Nivellierungspolitik ohne das Entstehen von partieller Arbeitslosigkeit möglich, in einer Marktwirtschaft nicht.

> Doctrine obscures the factors taken for granted, distorts economics as a science, and confines and constrains positive descriptive and explanatory analysis.
>
> Warren J. Samuels

7. Vollbeschäftigung in Marktwirtschaften hängt primär vom Gleichklang der wirtschaftlichen Entwicklung und nur sekundär vom Wachstum ab

Um Mißverständnissen vorzubeugen, ist abschließend darauf einzugehen, warum die hier gefundenen theoretischen Zusammenhänge sich grundlegend von dem theoretischen Ansatz der sog. *„angebotsorientierten Beschäftigungspolitik"* unterscheiden.

Zum einen ist schon die Bezeichnung „Angebotsorientierung" irreführend, weil sie auf der neoklassischen Übung basiert, das Angebot schlechthin auf die Unternehmen und die Nachfrage ausschließlich auf die Haushalte zurückzuführen[32]. Kein Kaufhaus kann jedoch Güter verkaufen, die es nicht zuvor erworben hat, und kein Industrieunternehmen kann existieren, ohne Vorprodukte und Investitionsgüter nachzufragen.

Zum anderen — und dies ist bedeutsamer — sind die Vertreter der „angebotsorientierten Beschäftigungspolitik" wie die Anhänger der Chicago-Schule der neoklassischen Gleichgewichtstheorie verhaftet[33], die weder Entwicklungsinvestitionen noch eine Entwicklung des Bedarfs kennt[34], während hier *Prozeßanalyse* betrieben worden ist. In einer

---

[32] Die Produkte (einschließlich der Rohstoffe und Vorprodukte) werden tatsächlich mehrfach „nachgefragt", bevor sie dem Endverbraucher angeboten werden. Vgl. hierzu eingehend *Arndt* (1984 a, insb. S. 28 ff. und S. 152).

[33] Nach *Reder* (1982, S. 11) geht die Chicago-Schule, zu der außer *Milton Friedman* z. B. *Gary S. Becker, George J. Stigler, Richard A. Posner* gehören, von Paretos Definition der „optimality" aus und unterstellt u. a., daß die Preise unabhängig sind von den Mengen, die ein Wirtschafter kauft oder verkauft und daß infolge vollständiger Markttransparenz die Preise gleich den Grenzkosten sind. Für *Becker* (1976, S. 5) ist „the heart of the economic approach" „the combined assumptions of maximizing behavior, market equilibrium and stable preferences ...". Vgl. auch *Samuels* (1976, S. 1 ff., 511 ff.).

[34] Mit Ausnahmen, vgl. *Bork* (1978, S. 98), nach dem „changing wants and technologies" das Erreichen eines Gleichgewichts verhindern.

Marktwirtschaft, die ihrer Natur nach nicht stationär ist, hängt die Beschäftigung weitgehend von Art und Umfang der Entwicklungsinvestitionen, von der Entwicklung des Bedarfs (und der Entwicklung des Außenhandels) ab. Bei den Entwicklungsinvestitionen, mit denen sich die Neoklassik grundsätzlich nicht befaßt, ist, wie wir sahen, zwischen dem Rationalisierungseffekt und dem Effekt von Novitäten[35] zu unterscheiden. Die Rationalisierung der Produktion erhöht die Realeinkommen, und die Kreation neuer Produkte und Produktqualitäten weckt neue Arten des Bedarfs.

Drittens und letztens — dies ist nicht weniger entscheidend — hängt nach der hier vorgetragenen Entwicklungstheorie die Beschäftigung nicht (primär) vom Wachstum[36], sondern von der wirtschaftlichen Entwicklung ab, in der es auf die Wirkung der Novitäten auf die Nachfrage und die Wirkung der Rationalisierung auf das Angebot ankommt.

Vollbeschäftigung setzt daher voraus, daß die Zahl der durch Rationalisierung entfallenden Arbeitsplätze durch die Zahl der — infolge der Weckung neuen Bedarfs — neu geschaffenen Arbeitsplätze aufgewogen wird[37]. Werden nur wenige Arbeitsplätze „wegrationalisiert", so ist Vollbeschäftigung mit einer entsprechend geringen Bedarfsentwicklung vereinbar. Fallen viele Arbeitsplätze der Rationalisierung zum Opfer, so gibt es Vollbeschäftigung nur, wenn der Bedarf durch das Angebot von neuen Konsumgütern in einem Umfang gesteigert wird, daß die Kreation von neuen Arbeitsplätzen dem Wegfall der alten Arbeitsplätze entspricht. Mit anderen Worten gesagt: *Je weniger rationalisiert wird, desto geringer ist die Entwicklungsrate des Bedarfs, die zur Erreichung von Vollbeschäftigung erforderlich ist*[38]. Ob die Wachstumsrate langfristig hoch oder niedrig ist, erweist sich damit für den

---

[35] Zu den Novitäten gehören auch neue Investitionsgüter, die insofern eine Doppelfunktion ausüben: Sie erhöhen die Nachfrage im Zeitpunkt ihres Kaufs und sie erhöhen die Produktivität während der Dauer ihres Einsatzes, wobei der letzte Effekt weitaus überwiegt. Vgl. aber *Vogel* (1978, S. 61 ff.), vor allem *Rüstow* (1984, S. 45 f.), der allein auf den Beschäftigungseffekt von Rationalisierungsinvestitionen abstellt; ebenso *Engels* (1985, S. 160).

[36] Zur Kontroverse zwischen Keynesianismus und Monetarismus, die in diesem Zusammenhang nur von sekundärem Interesse ist, vgl. z. B. *Klein* (1983), *Kindleberger* (1985) u. a.; zum wettbewerbstheoretischen Ansatz der Chicago-Schule vgl. auch *Schmidt* und *Rittaler* (1985).

[37] Dieser Gleichklang ist eine notwendige, aber keine hinreichende Voraussetzung für Vollbeschäftigung.

[38] Diese Ergebnisse gelten uneingeschränkt nur für eine geschlossene Volkswirtschaft. Die Einbeziehung des Außenhandels und der Immigration kompliziert die Zusammenhänge. Vgl. über *andere Arten und Ursachen der Arbeitslosigkeit Arndt* (1984 b, insb. S. 13 ff., 44 ff., 74 ff. und 171 ff.). — Infolge der willkürlichen Einengung des Erkenntnisobjekts (vgl. oben S. 23 f.) kennt die h. M. weder Entwicklungs- noch Weltarbeitslosigkeit. Vgl. z. B. *Rothschild* (1979), *Zarnowitz* (1985, S. 523 ff., insb. S. 531 und S. 548 f.).

7. Bedeutung der Entwicklungsprozesse für die Beschäftigung 133

prozessualen Gleichklang der wirtschaftlichen Entwicklung als grundsätzlich von sekundärer Bedeutung.

Allerdings lassen sich Änderungen im Tempo der Entwicklung nur allmählich vollziehen, wenn *die Gefahr von Anpassungsstörungen* vermieden werden soll. Beschleunigt sich die Entwicklung, so müssen auch die Realeinkommen schneller ansteigen, damit das vergrößerte Angebot abgesetzt werden kann. Verlangsamt sich die Entwicklung, so entsteht Arbeitslosigkeit, wenn nicht die Einkommenszuwächse auf das veränderte Niveau reduziert werden. Sinkt die Steigerungsrate des Sozialprodukts z. B. auf die Hälfte, so lassen sich die Einkommen in den jährlichen Lohn- und Gehaltsrunden nicht im gleichen Ausmaß wie bisher erhöhen, ohne daß entweder Unterbeschäftigung oder Inflation oder beides gleichzeitig entsteht. In keiner Volkswirtschaft kann ein Wachstum des Sozialprodukts verteilt werden, das nicht oder zumindest nicht in dieser Höhe entstanden ist[39].

In einer Marktwirtschaft hängt Vollbeschäftigung letztlich somit davon ab, daß die Realeinkommen in einem Umfang wachsen, der dem jeweiligen Tempo der wirtschaftlichen Entwicklung entspricht. Ohne wirtschaftliche Entwicklung gibt es die jährlichen Lohnerhöhungen nicht, an die sich Gewerkschaften ebenso wie die unselbständig Beschäftigten in westlichen Ländern gewöhnt haben. Es ist nicht möglich, die wirtschaftliche Entwicklung zu reduzieren und die jährlichen Erhöhungen der realen Löhne und Gehälter stabil zu halten, ohne daß Unterbeschäftigung entsteht. Wer ein geringeres „Wachstum" oder gar ein „Nullwachstum" verlangt, muß sich über diesen Effekt im klaren sein. In einer stationären Wirtschaft bleiben nicht nur Angebot und Nachfrage, sondern auch die durchschnittlichen Realeinkommen konstant.

Wachsender Wohlstand allein macht nicht glücklich. *Arthur C. Pigou's* rethorische Frage, ob „hundert Rolls-Royce in einer Rolls-Royce-Welt eine größere Summe an Zufriedenheit gewähren als hundert Hundekarren in einer Hunde-Karren-Welt"[40] ist sicherlich mit Nein zu beantworten. Menschliches Glück ist relativ. Aber die Überwindung von Elend, die Verbesserung der Arbeitsbedingungen, die Beseitigung von Arbeitslosigkeit und nicht zuletzt die Sicherung der wirtschaftlichen Freiheit sind für viele von uns erstrebenswerte Ziele. Diese Ziele lassen sich verwirklichen, wenn die Marktwirtschaft nach den Erkenntnissen der Prozeßanalyse gestaltet wird, deren Erarbeitung primäres Anliegen der Ökonomen ist (oder wenigstens sein sollte).

---

[39] Die Wachstumsrate kann auch negativ werden, vgl. *Arndt* (1984 b, S. 74 ff. und S. 171 ff.).
[40] *Pigou* (1952, S. 84).

Die Möglichkeiten der Gestaltung werden sich allerdings nur dann ausnutzen lassen, wenn man

— nicht mehr wie klassische Ökonomen an naturgesetzlich vorgegebene Zusammenhänge glaubt,

— nicht mehr wie Marxisten oder Schumpeterianer von einer naturgesetzlichen Entwicklung ausgeht,

— nicht mehr wie neoklassische Ökonomen wirtschaftliches Geschehen mit Mechanismen verwechselt, die nach mathematischen Formeln ablaufen und

— endlich nicht mehr Wirtschaften mit rationalem Verhalten identifiziert und Unvollkommenheiten wie die Relativität alles Menschlichen leugnet.[41]

Der Mensch ist nicht nur Objekt, sondern auch *Subjekt* in der Wirtschaft. Er besitzt die Fähigkeit, die Volkswirtschaft nach seinen Ideen zu formen, auch wenn seine Möglichkeiten nicht unbegrenzt sind und sein Tun — wie alles Irdische — stets unzulänglich bleibt.

---

[41] Kristols Kritik trifft daher auf die hier vorgetragene Konzeption nicht zu. Vgl. *Kristol* (1984, insb. S. 274 f.).

Literatur*

Abbott, Lawrence: Qualität und Wettbewerb, München: Beck-Verlag 1958.

Aftalion, Albert: Les crises périodique de surproduction, Paris: Rivière 1913.

Appels, A.: Political Economy and Enterprise Subsidies, Tilburg University Press 1986.

Arndt, Helmut: Schöpferischer Wettbewerb und klassenlose Gesellschaft, Berlin: Duncker & Humblot, 1952.

— Anpassung und Gleichgewicht am Markt, Jb. NÖ u. St. 170, 1958.

— Markt und Macht, Tübingen: J. C. B. Mohr (Paul Siebeck), 2. Aufl. 1973.

— Kapitalismus, Sozialismus, Konzentration und Konkurrenz, Tübingen: J. C. B. Mohr (Paul Siebeck), 2. Aufl. 1976.

— Irrwege der Politischen Ökonomie, München: Beck-Verlag 1979.

— Wirtschaftliche Macht, München: Beck-Verlag, 3. Aufl. 1980.

— (1984 a): Economic Theory vs. Economic Reality, East Lansing, Mich.: Michigan State University Press 1984.

— (1984 b): Vollbeschäftigung. Einführung in Theorie und Politik der Beschäftigung, Berlin: Duncker & Humblot 1984.

— (1985 a): Ökonomischer Maßstab und rechtlicher Ansatz der Monopolkommission, FIW-Schriftenreihe Heft 116, Köln: Carl Heymanns-Verlag 1985.

— (1985 b): Entwicklungsarbeitslosigkeit, R Intern d Sc Ec e Comm. (Milano) 32, 1985.

Arrow, Kenneth J.: Discussion to „New Ideas in Pure Theory", Am. Ec. R., 60, 1970.

— Social Choice and Justice, Collected Papers 1, Oxford: Blackwell 1983.

Baum, Warrren C. und *Tolbert*, Stokes M.: Investieren in die Entwicklung, Finanzierung & Entwicklung, 22, 1985.

Baumol, William J.: Welfare Economics and the Theory of the State, London School of Economics (1952), 2. Aufl. 1965.

Barro, R. J. and *Grossman*, H. I.: Money, Employment and Inflation, Cambridge 1976.

Becker, Gary S.: The Economic Approach to Human Behavior, Chicago: University of Chicago Press 1976.

Becks, Rolf: Langfristaspekte der Beschäftigung, in: Günter Ropohl (Hrsg.), Arbeit im Wandel, Berlin: Erich Schmidt Verlag 1985.

Benassy, Jean-Pascal: The Economics of Market Disequilibrium, New York u. a.: Harcourt Brace Jovanovich 1982.

---

* Zur Ergänzung vgl. die Literaturangaben in meinen Büchern „Economic Theory vs. Economic Reality" und „Vollbeschäftigung".

Beveridge, William Henry: Full Employment in a Free Society, London: Allen & Unwin 1945.

Blum, Reinhard: Akzeptanz des technischen Fortschritts, Augsburg: Volkswirtsch. Diskussionsreihe d. Inst. f. VWL d. Universität Augsburg, Beitrag Nr. 27, 1985.

Böhm, Franz: Wirtschaftsordnung unnd Staatsverfassung, Tübingen: J. C. B. Mohr (Paul Siebeck) 1950.

Böhm-Bawerk, Eugen von: Kapital und Kapitalzins, 2 Bde., Jena: Gustav Fischer, 2. Aufl. 1921.

Bonus, Holger und *Ribhegge*, Hermann: Wohlfahrtsökonomie — Werkzeug für Diktatoren oder ökonomische Grammatik?, Münster: Volkswirtsch. Diskussionsbeiträge d. Instituts f. Genossenschaftswesen, Universität Münster 1986.

Bork, Robert H.: The Antitrust Paradox: A Policy at War with Itself, New York: Basic Books 1978.

Brems, Hans: Dynamische Makrotheorie, Tübingen: J. C. B. Mohr (Paul Siebeck) 1980.

Brown, E. H. Phelps: The Underdevelopment of Economics, Ec. J., 82, 1972.

Chamberlin, Edward H.: The Theory of Monopolistic Competition, Cambridge: Harvard University Press, 6. Aufl. 1950.

Clark, John Maurice: Competition as a Dynamic Process, Washington D.C.: Brooking Institution 1961.

Cooter, Robert and *Rappoport*, Peter: Were the Ordinalists Wrong About Welfare Economics, J Ec Lit., 22, June 1984.

Debreu, Gérard: Mathematical Economics: Twenty Papers of Gérard Debreu, New York u. a.: Cambridge University Press 1983.

Dollar, David: Technological Innovation, Capital Mobility, and the Product Cycle in North-South Trade, Am Ec R., 76, 1986.

Downie, Jack: The Competitive Process, London: Duckworth 1958.

Dürr, Ernst: Wirtschaftswachstum und Beschäftigung, Zeitschr f. WiPo., 34, 1985.

Engels, Wolfram: Der Kommentar, Wirtschaftswoche Nr. 25 vom 14. 6. 1985.

Eucken, Walter: Die Grundlagen der Nationalökonomie, Godesberg: Helmut Küpper vormals Georg Bondi, 5. Aufl. 1947.

Friedman, Milton and *Friedman*, Rose: Free to Choose, London: Becker & Warburg (reprint) 1980.

Frisch, Ragnar: Propagation Problems and Impulse Problems in Dynamic Economics, in: J. C. Stamp (Ed.), Economic Essays in Honour of Gustav Cassel, London: Allen & Unwin 1933.

Gahlen, Bernhard: Wachstumspolitik ohne Wachstumstheorie?, in: Heinz Markmann und Diethard B. Simmert, Krise der Wirtschaftspolitik, Köln: Bund-Verlag 1978.

Haberler, Gottfried: Prosperität und Depression. Eine theoretische Untersuchung der Konjunkturbewegungen, Bern: A. Francke 1948.

— Schumpeter's Capitalism, Socialism, and Democracy after Forty Years, Washington D.C.: American Enterprise Institute (Reprint No. 126) 1981.

Hahn, Frank: Die allgemeine Gleichgewichtstheorie in: Daniel Bell und Irving Kristol (Hrsg.), Die Krise in der Wirtschaftstheorie, Berlin u. a.: Springer-Verlag 1984.

Hansen, Alvin H.: Business Cycles and National Income, New York: W. W. Norton (1951) 1964.

— and H. Tout: Investment and Saving in Business Cycle Theory, Econometrica, April 1933.

Harcourt, G. C.: On the Influence of Piero Sraffa on the Contributions of Joan Robinson to Economic Theory, EC J. (Conference Papers) 96, 1986.

Hayek, Friedrich A. von: Monetary Theory and the Trade Cycle, New York: Harcourt, Brace & Co., 1933.

— Profits, Interest and Investment, London: George Routledge & Sons 1939.

— Individualism and Economic Order, London: Routledge & Kegan. Paul Ltd. 1949.

Heertje, A. (Ed.): Schumpeters Vision. Capitalism, Socialism and Democracy After 40 Years, New York: Praeger Publishers 1981.

Henderson, James M. and Quandt, Richard E.: Microeconomic Theory, New York: McGraw-Hill, 3. Aufl. 1980.

Hicks, John R.: A Contribution to the Theory of the Trade Cycle, Oxford: Clarendon Press (1950) reprint 1951.

Hoffmann, Fritz: Unternehmenskonzentration und die Rechtsprechung des Bundesfinanzhofes, in: Helmut Arndt (Hrsg.), Die Konzentration in der Wirtschaft, 2. Bd., Berlin: Duncker & Humblot 1960.

Holleis, Wilfried: Das Ungleichgewicht der Gleichgewichtstheorie. Zur Diskussion um die neoklassische Wirtschaftstheorie, Frankfurt/New York: Campus Verlag 1985.

Holub, Hans Werner: Zur Leistungsfähigkeit der Gleichgewichtstheorie für die Wirtschaftspolitik, in: Heinz Markmann und Diethard B. Simmert (Hrsg.), Krise der Wirtschaftspolitik, Köln: Bund-Verlag 1978.

Jong, Henk W. de: Dynamische Markttheorie, Leiden et al.: H. E. Stenfert Kroese 1981.

Kaldor, Nicholas: The Irrelevance of Equilibrium Economics, Ec J., 82, Dec. 1972.

— What is Wrong with Economic Theory, Quart J Ec., 89, August 1975.

Kantzenbach, Erhard und Kallfass, Hermann H.: Das Konzept des funktionsfähigen Wettbewerbs — workable competition, in: Helmut Cox u. a. (Hrsg.), Handbuch des Wettbewerbs, Vahlen Verlag 1981.

Keynes, John Maynard: Allgemeine Theorie der Beschäftigung, des Zinses und des Geldes, München u. a.: Duncker & Humblot 1936.

Kindleberger, Charles P.: Keynesianism vs. Monetarism and Other Essays in Financial History, Hemel Hempstead: George Allen & Unwin 1985.

Kirzner, Israel M.: Perception, Opportunity and Profit, Chicago: University of Chicago Press 1979.

— (ed.): Method, Process, and Austrian Economics: Essays in Honor of Ludwig von Mises, Lexington, Mass., et al.: Heath, Lexington Books 1982.

— Die Krise aus „österreichischer" Sicht, in: Daniel Bell und Irving Kristol (Hrsg.), Die Krise in der Wirtschaftstheorie, Berlin u. a.: Springer-Verlag 1984.

Klein, Lawrence R.: The Economics of Supply and Demand, Baltimore: John Hopkins University Press 1983.

Krause-Junk, Gerold: Zur Theorie des distributiven Marktversagens, in: Willi Albers (Hrsg.), Öffentliche Finanzwirtschaft und Verteilung II, Berlin: Duncker & Humblot 1974.

Kristol, Irving: Der Rationalismus in der Wirtschaftstheorie, in: Daniel Bell und Irving Kristol (Hrsg.), Die Krise in der Wirtschaftstheorie, Berlin u. a.: Springer-Verlag 1984.

Külp, Bernhard: Wirtschaftspolitische Schlußfolgerungen für den Beitrag der Tarifpartner zum Beschäftigungsproblem, in: Gottfried Bombach et al. (Hrsg.), Neuere Entwicklungen in der Beschäftigungstheorie und -politik, Tübingen: J. C. B. Mohr (Paul Siebeck) 1979.

Küng, Emil: Die Wirtschaftspolitik angesichts der Schattenwirtschaft, Wirtschaftspolitische Mitteilungen, Zürich: Ges. z. Förderung d. schweiz. Wirtschaft, Febr. 1986.

Leijonhufvud, Axel: On Keynesian Economics and the Economics of Keynes, New York: Oxford University Press (1966), 3. Aufl. 1972.

Lexis, Wilhelm: Gold und Goldwährung, HWB der Staatswissenschaften, 4. Bd., Jena: Gustav Fischer 1892.

Lundberg, Erik: Instability and Economic Growth, New Haven, Conn., Yale University Press 1968.

Marshall, Alfred: The Present Position of Economics, London: Macmillan 1885.

— Principles of Economics (1890), London et al.: Macmillan, 8. Aufl. (reprint) 1956.

Menger, Carl: Grundsätze der Volkswirtschaftslehre, Wien: Hölder-Pichler-Tempsky (1871), 2. Aufl. 1923.

Mestmäcker, Ernst-Joachim: Der verwaltete Wettbewerb, Tübingen: J. C. B. Mohr (Paul Siebeck) 1984.

Monopolkommission: Die Konzentration im Lebensmittelhandel, Sondergutachten, Baden-Baden: Nomos Verlag 1985.

Myint, Hla: Theories of Welfare Economics, Harvard University Press 1948.

Nell-Breuning, Oswald v.: 35-Stunden-Woche, Stimmen der Zeit, 202, April 1984.

Niehans, Jürg: Economics: History, Doctrine, Science, Art, Kyklos, 34, 1981.

Oberhauser, Alois: Lohnsteigerungen und Beschäftigung, in: Jochem Langkau / Claus Köhler (Hrsg.), Wirtschaftspolitik und wirtschaftliche Entwicklung, Bonn: Verlag Neue Gesellschaft 1985.

Patinkin, Don: Essays on and in the Chicago Tradition, Durham, N.C.: Duke University Press 1981.

Perroux, François: La pensée économique de Joseph Schumpeter, Genève: Libraire Droz 1965.

Pigou, Arthur C.: The Economics of Welfare (1920), London: Macmillan, 4. Aufl. 1952.

Popper, Karl R.: The Poverty of Historicism, London: Routledge & Paul 1957.

Quesnay, François: Tableau économique avec son explication, ou Extrait des économies royales de Sully, Versailles 1758.

Reder, Melvin W.: Chicago Economics: Permanence and Change, J Ec Lit., 20, March 1982.

Reekie, W. D.: Markets, Entrepreneurs and Liberty. An Austrian View of Capitalism, Brighton: Wheatsheaf Books 1984.

Ricardo, David: Grundsätze der Volkswirtschaft und Besteuerung, nach der 3. Aufl. übersetzt von Heinrich Waentig, Jena: Gustav Fischer, 3. Aufl. 1922.

Riese, Hajo: Theorie der Inflation, Tübingen: J. C. B. Mohr (Paul Siebeck) 1986.

Robertson, Dennis H.: Saving and Hoarding, Ec J., 43, 1933.

Robinson, Joan: The Classification of Inventions, R of Ec Stud., 5, 1937/1938.

— Collected Works, Vol. 5, Oxford: Basil Blackwell 1979.

— What are the Questions? and Other Essays. Further Contributions to Modern Economics, Armok, N.Y.: M. E. Sharpe (1980), 1981.

Röper, Burkhardt: Die Konkurrenz und ihre Fehlentwicklungen, Berlin: Duncker & Humblot 1952.

Röpke, Jochen: Die Strategie der Innovation, Tübingen: J. C. B. Mohr (Paul Siebeck) 1977.

Rothschild, Kurt W.: Keynesianische und postkeynesianische Beschäftigungstheorie, in: Gottfried Bombach et al., Neuere Entwicklungen in der Beschäftigungstheorie und -politik, Tübingen: J. C. B. Mohr (Paul Siebeck) 1979.

— Einführung in die Ungleichgewichtstheorie, Berlin u. a.: Springer-Verlag 1981.

Rüstow, Hanns-Joachim: Neue Wege zur Vollbeschäftigung, Berlin: Duncker & Humblot 1984.

Samuels, Warren J. (Ed.): The Chicago School of Political Economy, East Lansing: Michigan State University (Press) 1976.

Samuelson, Paul A.: Thünen at Two Hundred, J Ec Lit., 21, Dec. 1983.

Scherer, F. M.: Innovation and Growth: Schumpeterian Perspectives, Cambridge, MA.: M. I. T. Press 1984.

Schiller, Karl: Die Grenzen der Wirtschaftspolitik (neu betrachtet), Jb NÖ u St., 201, 1986.

Schmidt, Ingo und Rittaler, Jan B.: Das wettbewerbstheoretische und -politische Credo der sog. Chicago School, Stuttgart: Diskussionsbeiträge aus dem Institut für Volkswirtschaftslehre, Universität Hohenheim 1985.

Schmookler, Jacob: Invention and Economic Growth, Cambridge, Mass.: Harvard University Press 1966.

Schneider, Erich: Statik und Dynamik, HWB der Sozialwissenschaften, Stuttgart u. a.: Gustav Fischer u. a., 10. Bd. 1959.

Schumpeter, Joseph (A.): Theorie der wirtschaftlichen Entwicklung, Berlin: Duncker & Humblot (1912), 5. Aufl. 1952.

— Kapitalismus, Sozialismus und Demokratie, Bern: A. Francke 1946.

Sen, Amartya: Social Choice and Justice: A Review Article, J Ec Lit., 23, Dec. 1985.

Sondermann, Dieter: Keynesian Unemployment as Non-Walrasian Equilibria, in: George R. Feiwel (ed.), Issues in Contemporary Macroeconomics and Distribution, London: Macmillan 1985.

Spengler, Joseph J.: Product-Adding versus Product-Replacing Innovations, Kyklos, 10, 1957.

Spiethoff, Arthur: Krisen, HWB d. Staatswissenschaften, Bd. 6, 4. Aufl. 1925.

Sraffa, Piero: The Laws of Returns under Competitive Conditions, Ec J., 36, 1926.

Stackelberg, Heinrich von: Grundlagen der theoretischen Volkswirtschaftslehre, Bern: A. Francke 1948.

Stoikov, Vladimir: A Note on Product-Adding versus Product-Replacing Innovations, Kyklos, 16, 1963.

Thünen, Johann Heinrich von: Der isolierte Staat in Beziehung auf Landwirtschaft und Nationalökonomie (1842), Jena: Gustav Fischer 1921.

Tolksdorf, Michael: Ruinöser Wettbewerb, Berlin: Duncker & Humblot 1971.

Tuchtfeld, Egon: Bausteine zur Theorie der Wirtschaftspolitik, Bern et al.: Paul Haupt 1983.

U.S.-Senate: Hearings before the Subcommittee on Antitrust and Monopoly, Part 7, Washington D.C. 1968.

Veblen, Thorstein: The Place of Science in Modern Civilisation and Other Essays, New York: Russel & Russel 1961.

Vernon, Raymond: International Investment and International Trade in the Product Cycle, Quart J Ec., 80, 1966.

Vogel, Horst: Ursachen der Investitionsschwäche und Möglichkeiten ihrer Überwindung, in: Stefan Graf Bethlen (Hrsg.), Der Weg aus der Krise, München et al.: Olzog Verlag 1978.

Weintraub, E. Roy: Joan Robinson's Critique of Equilibrium: An Appraisal, Am Ec R., Papers and Proceedings, May 1985.

Wicksell, Knut: Vorlesungen über Nationalökonomie auf Grundlage des Marginalprinzipes, Jena: Gustav Fischer, 1. Bd. 1913 und 2. Bd. 1922.

Winden F. v.: On the Interaction between State and Private Sector, Amsterdam: North-Holland 1983.

Woll, Artur: Wirtschaftspolitik, München: Vahlen 1984.

Wulff, Manfred: Theorien und Dogmen als Ursache wirtschaftspolitischer Probleme, Berlin: Duncker & Humblot 1985.

Zarnowitz, Victor: Recent Work on Business Cycles in Historical Perspective: A Review of Theories and Evidence, J Ec Lit., 23, June 1985.

Namenregister

Abbott 36, 66, 135
Adams 12
Aftalion 135
Albers 138
Appels 23 f., 74, 135
Arndt, 30 f., 36 f., 88, 90, 111 ff., 132 f., 135
Arrow 16, 135

Bahadir 6
Bangemann 100
Barro 23, 135
Bartling 36
Baum 44, 135
Baumol 16, 25, 110, 135
Becker 131, 135
Becks 32, 135
Bell, A. 48
Bell, D. 137 f.
Benassy 23, 135
Bentham 25, 110
Benz 26, 48
Bethlen 140
Beveridge 16, 136
Blum 32, 136
Böhm 21, 78, 136
Böhm-Bawerk 12, 22, 136
Bombach 138 f.
Bonus 128, 136
Bork 18, 131, 136
Brems 28, 136
Brentano 25
Brown 24, 49, 136
Bühler 111
Bundesgerichtshof 6, 114 f., 117 f.

Carnegie 112
Cassel 22
Chamberlin 65, 72, 74, 89, 136
Clark 53, 90, 136
Clower 25
Club of Rome 51
Comte 18
Cooter 19, 128, 136
Cournot 86, 99
Cox 137

Daimler 26, 48
Debreu 16, 136
Deutscher Bundestag 101
Dirlam 12
Dollar 32, 136
Downie 12, 90, 136
Dürr 32, 136

Engels, Fr. 57, 100
Engels, W. 32, 132, 136
Erhard 56, 59, 100
Eucken 20 f., 78, 85 f., 94, 99, 136

Feiwel 140
Ford 27, 48, 66
Friedman 131, 136
Frisch 12, 28, 136

Gahlen 32, 136
Goethe 5
Gossen 17 f., 51, 94
Grossman 23, 135

Haberler 12, 22, 72, 136
Hahn 24, 137
Hansen 22, 137
Harcourt 24, 137
Hayek 12, 22, 59, 79, 82, 90, 94, 137
Heertje 137
Hellwig 101
Henderson 74, 137
Hicks 30 f., 137
Hoffmann 111, 137
Holleis 24, 137
Holup 24, 137

Jevons 26, 49, 115
Jong, de 12, 24, 137

Kahn 12
Kaldor 11 ff., 18, 24, 137
Kallfass 53, 85, 137
Kantzenbach 52 f., 85, 113, 137
Kauder 16
Keynes 15, 22 f., 50, 99, 121, 123 f., 137
Kindleberger 132, 137
Kirzner 12, 24, 32, 137 f.
Klein 132, 138

Namenregister

Knight 12, 30
Köhler 138
Krause-Junk 78, 138
Kristol 24, 134, 137 f.
Krupp 27
Külp 125, 138
Küng 126, 138

Lange 22, 53
Langkau 138
Lederer 12, 22
Leijonhufvud 23, 138
Lenin 56, 99
Leontief 22, 53
Lexis 21, 138
Lundberg 12, 138

Malinvaud 25
Markmann 136 f.
Marshall 17, 128, 138
Marx 5, 25, 57, 61, 81, 95, 100, 110, 121
Menger 16, 19, 26, 95, 115, 138
Mestmäcker 21, 111, 113, 115, 138
Mill 18
Mises, von 12, 22
Monopolkommission 6, 30 f., 101, 106 ff., 116 ff., 138
Morgan 112
Morus 95
Müller-Armack 56
Myint 16, 138

Nell-Breuning 125, 138
Niehans 23, 138

Oberhauser 125, 138
Ott 86

Pareto 25, 131
Patinkin 25, 138
Perroux 32, 139
Pigou 16, 69, 133, 139
Popper 18, 139
Posner 131
Preiser 122
Proudhon 25

Quandt 74, 137
Quesnay 15, 67 f., 139

Rappoport 19, 128, 136
Reder 22, 131, 139
Reekie 74, 139
Reis 48
Ribhegge 128, 136
Ricardo 19, 54, 95, 120, 139

Riese 32, 139
Rittaler 132, 139
Robertson 12, 139
Robinson 12, 24, 31, 139
Rockefeller 112
Röper 88, 139
Röpke 31, 139
Ropohl 135
Roscher 21
Rothschild 23, 25, 32, 132, 139
Rüstow 32, 132, 139

Samuels 12, 131, 139
Samuelson 16, 139
Scherer 32, 139
Schiller 78, 123, 139
Schleussner 112
Schmidt 132, 139
Schmoller 20 f., 25, 110
Schmookler 32, 139
Schneider 28, 39, 46, 140
Schumpeter 5, 12 f., 16, 22, 32, 40, 45, 62 f., 66, 72, 76 f., 90 f., 137, 139 f.
Sen 16, 140
Simmert 136 f.
Smith 27, 30, 45, 54
Solo 55
Sondermann 23, 140
Spengler 31, 140
Spiethoff 22, 140
Sraffa 22, 72, 85, 137, 140
Stackelberg, von 21 f., 36, 57, 140
Stamp 136
Stigler 131
Stoikov 31, 140

Thünen, von 19 f., 140
Tolbert 44, 135
Tolksdorf 88, 140
Tout 137
Tuchtfeld 32, 140

US-Senate 72, 140

Veblen 12, 99, 140
Vernon 32, 140
Vogel 132, 140

Waentig 139
Walras 19, 26, 115
Weintraub 24, 140
Wicksell 12, 22, 140
Winden 55, 140
Woll 19, 128, 140
Wulff 31, 140

Zarnowitz 132, 140

Sachregister*

Aktionsparameter, prozessuale 45 ff., 52, 107
 in Anpassungsprozessen 47 ff.
 in Entwicklungsprozessen 48
 von realen Monopolen (Monopsonen) 52, 74 ff., 103
Angebot und Nachfrage in ökonomischen Prozessen 5 f., 12 f., 30 ff., 37 f., 40 ff., 50 f., 60, 68 f., 132
Angebotsgestaltung 16, 19, 30 ff., 45 ff., 82, 91 ff., 106 ff.
Anpassungsinvestitionen 30 ff.
Anpassungsprozesse (s. auch Wettbewerbsprozesse 12, 22, 25 ff., 40 ff., 53, 78, 86
 qualitative 65
 Perversion 88 f., 104, 119 ff.
Arbeitslosigkeit (s. auch Beschäftigungspolitik) 22, 56
 als prozessuales Phänomen 37 f., 122, 123 ff., 129 f.
 als Verteilungsproblem 37 f., 81, 123 ff., 130
Außenhandelsentwicklung
 Einfluß auf Beschäftigung 23, 132

Bedarfsentwicklung 13, 15 ff., 26 f., 29, 32 f., 35, 37, 48, 51, 80, 83, 91 f., 96, 122, 124, 131 f.
Bedarfshomogenität 49, 90
Bedarfsmärkte (gesellschaftliche Märkte)
 Begriff 36, 72, 85, 90
 Entstehung 11, 17, 26, 29, 32, 35 f., 46 f., 49 ff., 66, 72 f., 96, 116
 Entwicklung 13, 26 ff., 35 ff., 66 ff.
 Schrumpfung (s. auch Käufermärkte) 13, 29, 37, 39 f., 49 ff., 62, 79 f., 84, 86
 Untergang 11, 26, 29, 36, 43
 Wachstum (s. auch Verkäufermärkte) 31, 36, 40, 50, 62, 79 f., 84, 86

Bedürfnisse
 animalische (physische) 15
 ökonomische 15 ff., 51, 89, 96
 anerzogen — nicht angeboren 16 f., 34, 37
 prozessuale Entwicklung 11, 15 ff., 18, 23, 28, 32 f., 37, 68, 80, 82, 96 ff.
Beschäftigungspolitik
 als Gestaltungsaufgabe 19, 37 f., 118, 125, 129 f., 131 ff.
 „angebotsorientierte" 131 ff.

Cobwebtheorem
 erklärt Prozesse als Sequenz von Gleichgewichten 22, 25

Dekonzentrationsprozesse 13, 116
Desinvestitionen
 prozessuale 31 ff., 39 f., 46, 52, 63, 79
 verbrauchsbedingte (statische) 31
Differentialgewinne, prozessuale 40, 66 ff., 79, 92
Differenzierungswettbewerb 65 ff., 85, 89
„Dynamik" 28

Einkommensentwicklung, volkswirtschaftliche 11, 13, 16, 23, 27, 32 f., 37 f., 61, 64, 69, 80 f., 133
Einkommensredistribution s. Redistribution
Entartungsprozesse s. Wettbewerbsentartungen, prozessuale
Entwicklung 11 f., 23, 26 f., 31, 42, 92, 106 f., 123 ff., 131 ff.
 als Gestaltungsprozeß 18 ff., 33, 37, 92 f., 123 ff.
 der Bedarfsstruktur s. Bedarfsentwicklung
 der Bedürfnisse s. dort
 der Lohnkosten 92
 der Märkte s. Bedarfsmärkte

---
* Das Sachregister bezieht sich — dem Anliegen des Buches entsprechend — primär auf Phänomene der *ökonomischen Prozeßtheorie*.

144 Sachregister

der Produkte 15, 19 f., 27, 37, 46 f., 61, 66 ff., 118
der Produktion 15 f., 19, 37
der Produktionsverfahren 20, 27, 37, 46, 61, 118
der Realeinkommen s. Einkommensentwicklung
der Wertungen 11, 28, 74 ff.
Entwicklungsinvestitionen s. Investitionen, prozessuale
Entwicklungsprozesse (s. auch Entwicklungswettbewerb) 22, 26 ff., 41 ff., 51, 53, 78, 81
Entwicklungswettbewerb (s. auch Leistungswettbewerb, Prozesse des) 33, 62 f., 70 f., 73 f., 77 f., 79, 85 f., 90 ff., 103, 107 ff. 117 f.
Novitätswettbewerb 63, 66 ff., 73, 90 f., 100 f., 103, 108, 117
Rationalisierungswettbewerb 63, 68 ff., 73, 90 ff., 101, 103, 108
Voraussetzungen 90 ff.
Erfahrungen s. Funktionen, prozessuale
Erkenntnisobjekt der Wirtschaftstheorie 6, 13, 18 ff., 23 f., 25
Grenzen 6, 21 ff.
Erwartungen s. Funktionen, prozessuale

Fehlkonstruktionen der Marktwirtschaft 60 f., 100 ff., 103 ff., 106 ff., 110 ff., 119 ff., 123 ff., 128 ff.
Freiheit s. Wettbewerbsfreiheit
Funktionen, prozessuale
der Erfahrungen** 27, 40, 42, 50, 53, 64
der Erwartungen** 27, 31, 40 ff., 51, 53, 64, 73, 82, 105, 113 f.
der Gewinne 26, 39 ff., 66 ff., 81
der Industrie 106 ff.
der prozessualen Preise 26, 39 ff., 62 ff., 80 ff., 86 ff.
der Verluste 26, 39 f., 41 ff.
des Handels 106 ff.
des Leistungswettbewerbs 63, 79 ff., 103 f.

Gestaltung der Wirtschaft 5, 13, 15 ff., 18 ff., 26 f., 30 ff., 38, 41 ff., 45 ff.,

55 ff., 66 ff., 85 ff., 94, 96 ff., 99 ff., 127
Gewinne, prozessuale 26, 29, 39 ff., 53, 63 f., 66, 79 ff., 91 f.
Gleichgewichtslagen, mikroökonomische (sog. „Marktformen") 21 f., 24, 25 ff., 45, 50 ff., 62, 77 f., 82, 85 f., 94 ff., 121
Gleichgewichtspreise 13, 27 f., 31, 50
Güter
ökonomische (Waren) 36
physische 36

Interessenharmonie in ökonomischen Prozessen als Gestaltungsaufgabe 127
Investitionen, prozessuale 11, 13, 30 ff., 101, 116 f., 131 f.
Anpassungs- 30 ff.
Entwicklungs- 31 ff., 116 ff., 128 ff.
Novitäts- 32 f., 37, 43, 67, 69, 81, 92, 118 f., 121 f., 123 ff., 128 f.
Rationalisierungs- 32 f., 37, 43, 68 ff., 81, 92, 117 f., 119, 121 f., 123 ff., 128 f.
Erweiterungs- 31, 33, 40, 42 f., 52, 116

Käufermärkte 39 f., 42, 49 f., 62 f., 79, 81, 86, 104
Knappheitspreise s. Preise, prozessuale
Konstruktion
von Leistungswettbewerb und Marktwirtschaft 55 f., 85 ff., 103 f.
von Wirtschaftsordnungen 100 f.
Konstruktionsprinzipien 94 ff., 119 ff.
Entwicklungsprinzip 12, 59 ff., 62 ff., 79 f., 85 ff., 90 ff., 94, 96 ff., 100 f., 117 f.
Kreislaufprinzip 12, 55 ff., 67 f., 79, 94 ff., 99 ff., 117 f.
Konzentrationsprozesse (s. auch Dekonzentrationsprozesse)
als wettbewerbskonforme Prozesse 116
als Zerstörungsprozesse 115 ff.
Kreation
des Geldes 35

** Erfahrungen und Erwartungen üben ebenso wie Gewinne nur in Prozessen Funktionen aus. Im Gleichgewicht sind sie nur Überbleibsel: „Residua" (Erich Schneider).

Sachregister

des Leistungswettbewerbs 59 ff.
von Arbeitsplätzen 132
von Investitionsgütern 27, 91 f.
von Märkten 40, 47 f., 50, 66
von Produktionsverfahren 27, 29, 60 f., 106
von Waren (Konsumgütern) 16, 19, 23, 27, 29, 35, 37, 40 f., 50 f., 54, 60 f., 80, 91 f., 96, 106 ff., 124 ff., 132
von Wirtschaftsordnungen 55 ff., 59 ff.
Kreativität (kreativ) 5, 11 f., 15, 19 f., 26 ff., 30 ff., 40 ff., 53 f., 59 ff., 84, 90, 103
Kreislauf
  als Ordnungsprinzip s. Konstruktionsprinzipien
  als theoretisches Konzept 5, 15 f., 20, 22 f., 26 ff., 30 f., 34, 50, 53 f., 57, 64 f., 72, 120 f.
Kundenpolitik 46

Leistungswettbewerb, Prozesse des (s. auch Wettbewerbsprozesse) 59 ff., 62 ff., 108
  Arten
    Anpassungswettbewerb 62 f., 78
    Differenzierungswettbewerb 65 ff., 85, 89
    Entwicklungswettbewerb s. dort
    Novitätswettbewerb s. Entwicklungswettbewerb
    Preiswettbewerb s. dort
    Qualitätswettbewerb s. dort
    Rationalisierungswettbewerb s. Entwicklungswettbewerb
  Beschränkungen s. Wettbewerbsbeschränkungen
  Entartungen s. Wettbewerbsentartungen
  Funktionen
    Anpassungsfunktion 42 ff., 79, 83
    Auslesefunktion 83 f.
    Entwicklungsfunktion 79 f., 83 f.
    Erziehungsfunktion 81 ff.
    Informationsfunktion 82 f.
    Lenkungsfunktion 41, 80 f., 84
    Sozialisierungsfunktion 81, 84
    Verteilungsfunktion 80, 84
  Grenzen 82
  Konstruktion 85 ff.
  Konstruktionsfehler s. Fehlkonstruktionen der Marktwirtschaft
  Kreation 59 ff.
  Mittel 12, 60, 62, 87, 90
  Perpetuierung 67, 69 f., 79 f.
  Voraussetzungen 86 ff., 90 ff.

Machtverteilung (s. auch Partnermacht)
  gleichmäßige 69, 83, 104
  einseitige
    zwischen Anbietern und Nachfragern 110 ff.
    zwischen Handel und Industrie 106 ff., 114 f.
    zwischen Sozialpartnern 69, 119 ff., 123 ff.
Marktbeherrschung s. Monopole, Monopsone, Wettbewerbsbeschränkungen
Märkte als gesellschaftliches Phänomen s. Bedarfsmärkte
Marktformen s. Gleichgewichtslagen
Marktpreise s. Preise, prozessuale
Marktwirtschaft 12, 24, 26, 34, 46, 55 f., 68, 71, 76 ff., 91, 96, 121, 123 131 ff.
  als theoretisches Modell 11 ff., 79 ff.
  Definition 85
  Konstruktion 55 f., 85 ff., 100 f.
  Konstruktionsfehler s. Fehlkonstruktionen
Monopole (s. auch Wettbewerbsbeschränkungen)
  Aktionsparameter 52, 74 ff.
  permanente Macht- 13, 22, 32, 52, 72 ff., 90 f., 103 f.
  prozessuale Leistungs- 12, 32,, 66, 72 ff., 90 f.
  reale (in Zeit und Raum eingebettet) 52, 74
  relative 73, 76 f.
Monopolgewinne
  prozessuale 40, 66, 79 ff., 91 f.
  statische 66
Monopsone (Nachfragemonopole) 52, 75 f.

Nachahmerwettbewerb s. Wettbewerbsprozesse
Nachfrageentwicklung (s. auch Bedarfsentwicklung) 80, 91 f.
Nachfragemonopole s. Monopsone
Novitätsinvestitionen s. Investitionen, prozessuale

Novitätswettbewerb s. Entwicklungswettbewerb
Novitäts-Qualitäts-Preiswettbewerb 68

Ordnungsprinzipien s. Konstruktionsprinzipien
Oszillationsprozesse 53, 105

Partnermacht (als prozessuales Phänomen) 110 ff.
  Anbietermacht 111 f.
  Arbeitgebermacht 119 ff.
  Gewerkschaftsmacht 126
  Kreditgebermacht 111
  Kreditnehmermacht 111
  Nachfragermacht 112 f.
  Ursachen 113 f.
Preise, prozessuale (Knappheitspreise 13, 17, 26 ff., 39 ff., 80, 86 ff.
  Funktionen s. dort
  Gestaltung von Gleichgewichtspreisen 27 f.
Preispolitik 46, 50, 53, 65 f., 74, 86
Preiswettbewerb (s. auch Leistungswettbewerb) 45, 59, 63 ff., 68, 70, 77, 79, 85 ff., 90, 100, 107 ff.
  Funktionen 64, 90
  Voraussetzungen 86 ff.
Produktdifferenzierung s. Differenzierungswettbewerb
Produktivitätsentwicklung 37 f., 91 f., 126 f.
Prozesse, sozialökonomische (s. auch Anpassungs-, Entwicklungs- und Wettbewerbsprozesse) 13 ff., 16 f., 20, 23 f., 25 ff., 39 ff., 45 ff., 49 ff., 55 ff., 62 ff., 79 ff., 94, 96, 104
Prozeßtheorie
  als Voraussetzung der Wirtschaftspolitik 24
  contra Gleichgewichtstheorie 5 f., 11, 13, 15 ff., 25 ff., 49 ff., 55, 57, 62 ff., 86, 121

Qualitätspolitik 66 ff., 73 ff., 103
Qualitätswettbewerb 56, 64 ff., 70 f., 72 ff., 79, 85 f., 89 f., 101, 107 f.
  Qualitäts-Preis-Wettbewerb 65

Rahmenbedingungen (als prozessuales Phänomen) 5, 34
Rationalisierungsinvestitionen s. Investitionen, prozessuale

Rationalisierungspolitik 66, 76
Rationalisierungswettbewerb s. Entwicklungswettbewerb
Redistribution 119 ff., 124 ff.
Relativität
  der Gleichgewichtspreise 27 f., 50
  der Gossen'schen „Gesetze" 18 f., 51
  der Kosten 28, 40 f., 53, 68 ff., 81
  der ökonomischen Bedürfnisse 15 ff., 18 f., 28, 48, 51 f., 68 ff., 89 f.
  der Rahmenbedingungen 5, 34, 55 ff., 99
  der Thünen'schen Kreise 19 f.
  der Wirtschaft 28
  der Wertungen 11, 26, 28, 74 ff.
Sättigungsproblematik
  im Gleichgewicht 18
  in Prozessen 18 f., 51
Schattenwirtschaft 84, 88, 125 f.
Sozialwissenschaften, Unterschied zu Naturwissenschaften 18, 20, 42
Staat (s. auch Rahmenbedingungen)
  Einfluß auf Wettbewerbsprozesse 55 f., 76, 82, 99
  Gestaltung der Wirtschaftsordnung 99 ff., 119 ff.
  Kreation des Leistungswettbewerbs 59 ff.
Staatswirtschaft s. Wirtschaftsordnungen
Substitutionswettbewerb s. Wettbewerbsprozesse

Tauschwirtschaft 22, 107 f.

Ungleichgewichtstheorie 22 f., 25 f.
Unternehmenspolitik (prozessuale) 26, 30 ff., 40 ff., 45 ff., 52 f. 73

Variable (s. auch Aktionsparameter)
  prozessuale 25 f., 28 f., 35 ff., 45 ff., 49 ff., 55 ff.
  statische 26, 30 ff., 45, 49, 55
Verdrängungswettbewerb (s. auch Wettbewerbsentartungen) 86 f., 114 f.
Verelendungsprozeß 61, 119, 121
Verkäufermärkte 40, 42, 50, 62 f., 81, 86 f.
„Verkehrswirtschaft" (s. auch Tauschwirtschaft) 78, 85, 94
Vermengung von Kreislauf- und Entwicklungsprinzip 100 ff., 103 ff., 120, 127, 128 ff.

Sachregister

Verteilung
 der Einkommen s. Redistribution
 der Macht s. Machtverteilung
 Einfluß auf Entwicklung 19, 71, 123 ff., 128 ff.
Vollbeschäftigung als Entwicklungsproblem 12, 122, 131 ff.

Wertungen s. Relativität
Wettbewerbsbeschränkungen 12, 72 ff., 103 f.
Wettbewerbsentartungen, prozessuale 12 f., 23, 56, 87 ff., 103 ff.
Wettbewerbsfähigkeit 87
 von Unternehmen 52, 87
 von Volkswirtschaften 31, 101, 118
Wettbewerbsfreiheit 75, 87 ff., 104, 110 ff.
Wettbewerbsprozesse (s. auch Leistungswettbewerb)
 Anpassungswettbewerb 62 f., 78
 Entartungsprozesse s. Wettbewerbsentartungen
 Differenzierungswettbewerb 65 ff., 85, 89
 Nachahmerwettbewerb 13, 32, 40 f., 66, 73, 76 f.
 Novitäts-Qualitäts-Preiswettbewerb 68
 Novitätswettbewerb s. Entwicklungswettbewerb
 Oszillationsprozesse 53, 105
 Preiswettbewerb s. dort
 Qualitäts-Preis-Wettbewerb 65
 Qualitätswettbewerb s. dort
 Rationalisierungswettbewerb s. Entwicklungswettbewerb
 Sozialprestige-Wettbewerb 82
 Substitutionswettbewerb 52, 73, 76 f., 103, 109
 Verdrängungswettbewerb 86 f., 114 f.
 Vorreiterwettbewerb 76
Wirtschaftsmacht ohne Marktbeherrschung 110 ff.
Wirtschaftsordnungen (s. auch Gestaltung der Wirtschaft)
 Arten
  Handelswirtschaft 87
  Marktwirtschaft s. dort
  Sklavenwirtschaft 19, 59 ff., 95, 99, 111
  Staatswirtschaft 26, 34, 37, 43, 55, 68, 74, 76 f., 91, 95 f., 123, 130
  Zunftwirtschaft 59, 95, 97
 Entwicklung 55 f., 60 ff.
 Gestaltung 99 ff.
 Konstruktionsprinzipien s. dort

Printed by Libri Plureos GmbH
in Hamburg, Germany